A cabeça de **Rupert Murdoch**

A cabeça de **Rupert Murdoch**

*Como pensa e age o homem que mudou
a mídia mundial, da Fox ao MySpace*

Paul R. La Monica

Tradução
Bruno Casotti

Título original
Inside Rupert's Brain

Copyright © 2009, Paul R. La Monica
Copyright da tradução © 2009, Agir Editora

Capa e projeto gráfico
Tita Nigrí

Foto de capa
Reuters/Latinstock

Copidesque
Ana Elisa de Araújo e Souza

Revisão
Mariana Rimoli
Rebeca Bolite

Produção editorial
Maíra Alves

CIP-Brasil. Catalogação-na-fonte. Sindicato Nacional dos Editores de Livros, RJ.

M754c	Monica, Paul R. La
	A cabeça de Rupert Murdoch: como pensa e age o homem que mudou a mídia mundial, da Fox ao MySpace / Paul R. La Monica; tradução de Bruno Casotti. – Rio de Janeiro: Agir, 2009.
	Tradução de: Inside Rupert's Brain
	ISBN 978-85-220-1045-5
	1. Murdoch, Rupert, 1931-. 2. Empresários – Austrália – Biografia. 3. Comunicação de massa e negócios. I. Título.
	CDD: 926.58
09-4895	CDU: 929:65

Texto estabelecido segundo o Acordo Ortográfico da Língua Portuguesa de 1990, em vigor no Brasil desde 2009.

Todos os direitos reservados à
AGIR EDITORA LTDA. – uma empresa Ediouro Publicações S.A.
Rua Nova Jerusalém, 345 – CEP 21042-235 – Bonsucesso – Rio de Janeiro – RJ
Tel.: (21) 3882-8200 fax: (21) 3882-8212/8313

A Beth. Por tudo.

Sumário

	Prefácio	9
	Introdução	11
Capítulo 1	Comece a espalhar a notícia	21
Capítulo 2	Louco pela Fox	43
Capítulo 3	Fisgado pela TV a cabo	67
Capítulo 4	O céu é o limite	89
Capítulo 5	Negociando	107
Capítulo 6	Rupert 2.0	135
Capítulo 7	A batalha pela Dow Jones	157
Capítulo 8	Tudo em família	187

Epílogo	209
Agradecimentos	219
Notas	221
Índice	233

Prefácio

Presidente e CEO da News Corp., Rupert Murdoch é um homem que muitos da mídia adoram odiar. Por suas opiniões políticas e sua propensão a ditar a cobertura de notícias quando acha conveniente, ele é frequentemente demonizado por jornalistas que trabalham para seus concorrentes. Embora esteja longe de ser um santo, tem sido muitas vezes injustamente criticado por aqueles que não conseguem entender que, no fim das contas, a mídia ainda é um negócio e que ele gosta de ganhar dinheiro. Em *A cabeça de Rupert Murdoch*, Paul R. La Monica lança um olhar mais sério e menos emocional sobre os sucessos e fracassos do executivo. Para o bem ou para o mal, Murdoch transformou a indústria de notícias, Hollywood e toda a mídia mundial. Muito frequentemente, concorrentes que o criticam acabam imitando-o, fato que anima Murdoch, um autêntico espírito independente da mídia. Ainda assim, é jornalista por profissão e, como tal, busca ser respeitado; algo que nunca conseguiu como proprietário de tabloides nem de um canal de notícias a cabo com ampla tendência de direita. E, como os negócios de mídia vivem um período de mudanças, há preocupações de que sua aposta de US$ 5 bilhões na Dow Jones possa ter sido um erro superestimado que teve mais a ver com ego do que com lucro.

Introdução

"Estamos estudando a ideia de comprar a Dow Jones. O *Wall Street Journal* obviamente é uma marca maravilhosa. Mas não acho que vamos conseguir ou que um dia vão vendê-la."[1]

Foi isso que o presidente e CEO da News Corp., Rupert Murdoch, disse a uma plateia de executivos da mídia numa conferência patrocinada pela McGraw-Hill, em Nova York, ao comentar a possibilidade de seu conglomerado de mídia comprar a venerável empresa que publica o *Journal*. O dia era 8 de fevereiro de 2007.

Menos de três meses depois, a News Corp. de Murdoch apresentou uma ousada e não solicitada proposta de US$ 5 bilhões pela Dow Jones. A oferta valorizou a empresa — que vinha lutando para se manter enquanto um número cada vez maior de anunciantes e leitores substituíam o papel pela internet — em incríveis 65% acima de seu preço de fechamento um dia antes de a proposta ser divulgada.

A News Corp. apresentou sua oferta em 1º de maio de 2007 e, embora Murdoch tenha demorado três meses para convencer a família Bancroft — que controlava a Dow Jones — a concordar com a venda, foram poucas as dúvidas de que ele venceria. Afinal, embora alguns especialistas em mídia tenham coçado a cabeça para entender por que Murdoch oferecia uma quantia tão exorbitante pela Dow Jones, muitos outros observadores sabiam que a oferta era uma jogada perfeita.

Murdoch ofereceu tal quantia para assegurar que não teria concorrentes. E foi exatamente o que aconteceu.

A oferta de US$ 5 bilhões pela Dow Jones seria alta demais para investidores como Ron Burkle, um bilionário que ganhou dinheiro com supermercados, e Brian Tierney, proprietário dos jornais *The Philadelphia Inquirer* e *The Philadelphia Daily News*. O preço assustou até empresas de capital aberto como a General Electric, a Pearson e a Microsoft.

A proposta de compra de Murdoch — feita logo depois de ele afirmar publicamente que uma oferta era improvável — é um exemplo perfeito da natureza independente do executivo. De uma simples empresa jornalística regional, Murdoch transformou a News Corp. num gigante da mídia internacional, com presença importante na televisão, no cinema e agora na internet.

"Veja Murdoch e sua história. A News Corp. deixou de ser apenas uma editora de Jornais australiana e se tornou uma empresa de mídia americana de alcance internacional. Se alguém tem o DNA para se adaptar e mudar, essa pessoa é Murdoch", disse Alan Gould, analista que acompanha a News Corp. para o Natixis Bleichroeder, banco de investimentos em Wall Street.[2]

Mas, ao comprar a Dow Jones, será que Murdoch fez um negócio que voltará para assombrá-lo? É fácil entender por que os críticos diriam que é um erro comprar uma empresa jornalística de crescimento lento. Com a renda dos jornais proveniente dos anunciantes despencando, à medida que leitores trocam as tradicionais publicações impressas por blogs e outras fontes de notícias on-line, muitos têm proclamado a morte da indústria de mídia impressa.

Alguns sugerem que Murdoch também poderá ficar cada vez mais cansado da Dow Jones se não conseguir gerar o crescimento rápido que certamente exigirá da empresa. Afinal, uma característica de sua estratégia é fazer negócios quase que incessantemente. E com frequência Murdoch se desencanta rapidamente dos bens que adquire. Desde que começou a dirigir a News Corp., ele comprou e vendeu publicações de renome, como as revistas *TV Guide* e *New York* e o jornal *The Village Voice*.

Mais recentemente, a News Corp. comprou o time de beisebol L.A. Dodgers, em 1998, e o vendeu em 2004. Comprou também uma participação nos negócios da televisão por satélite americana, na DirecTV, em 2003, apenas para dar meia-volta em 2006 e anunciar que vendia essa participação à Liberty Media, conglomerado de John Malone, um rival na mídia e por vezes uma espinha atravessada na garganta de Murdoch.

Alguns diriam que Murdoch tem sido esperto ao comprar e se livrar de bens no momento certo, tirando deles o máximo de lucro. Outros, porém, poderiam argumentar que suas constantes negociações demonstram uma pessoa muito disposta a fazer ofertas agressivas por certos negócios, independentemente de estes se encaixarem em seu atual portfólio, o que também indica impulsividade de sua parte.

Não há dúvida de que Murdoch tem tomado um bocado de decisões curiosas nos negócios — manobras estratégicas que nem sempre terminam como ele ou os acionistas da News Corp. gostariam.

Outra marca registrada da carreira de Murdoch é sua disposição — maior do que a de qualquer outro executivo da mídia — para assumir riscos. Suas decisões têm sido examinadas e muitas vezes criticadas por analistas, investidores e representantes da notoriamente cética indústria da mídia. Entretanto, frequentemente Murdoch é quem ri por último.

"Historicamente, os investidores discordam de início da grande maioria das aquisições/investimentos da News Corp./do sr. Murdoch", escreveu em um relatório Richard Greenfield, analista da Pali Research, empresa de pesquisas em Wall Street, logo depois de a News Corp. anunciar a intenção de comprar a Dow Jones. "Mas a maioria esmagadora desses negócios/investimentos gerou valores substanciais para os acionistas da News Corp."

Por exemplo, quando a rede de TV Fox, da News Corp., estreou em 1986, poucos acharam que uma quarta rede em horário nobre conseguiria sobreviver num mundo dominado há décadas pelas emissoras ABC, CBS e NBC.

A Fox não apenas sobreviveu, como também prosperou e tem sido responsável por alguns dos maiores fenômenos de cultura pop da mídia nas últimas duas décadas, incluindo o desenho animado de sucesso duradouro *Os Simpsons*, o seriado para adolescentes *Barrados no baile* e o concurso de cantores *American Idol*.

Este último tem tido um índice de audiência tão arrebatador desde sua estreia, em 2002, que executivos de outras redes falam abertamente da inutilidade de se programarem contra ele e, com uma admiração quase reverencial, referem-se a *Idol* como a "Estrela da Morte" do horário nobre da televisão.

Murdoch também desafiou as probabilidades ao enfrentar Ted Turner na disputa pelas notícias a cabo. Quando a News Corp. lançou o canal Fox News, em

1996, poucos acreditaram que havia audiência suficiente para justificar a existência de uma segunda rede de notícias 24 horas.

Mais uma vez, porém, a manobra ousada de Murdoch deu certo. Agora, a Fox News — que proclama com audácia simplesmente ter seu estilo de dar notícias, deixando os telespectadores decidirem — supera rotineiramente a arquirrival CNN em audiência. A Fox News é intensamente acusada por alguns especialistas em mídia e políticos democratas de ser porta-voz do Partido Republicano. Mas a rede se aproveitou claramente de um desejo por pontos de vista mais conservadores nas notícias, de maneira semelhante a muitos programas de entrevistas de direita que fazem sucesso no rádio.

Murdoch também tomou medidas drásticas para assegurar que a News Corp. não fosse deixada para trás na corrida pela mídia digital, mais notadamente ao comprar o MySpace. A News Corp. decidiu adquirir a Intermix Media, empresa dona do popular site de relacionamento, por US$ 580 milhões em julho de 2005. Na época, alguns analistas temeram que Murdoch estivesse pagando demasiadamente caro por uma empresa de resultados ainda não comprovados.

Afinal de contas, o MySpace fora fundado em 2003, e discutia-se muito se sites de relacionamento como esse conseguiriam gerar uma renda com anúncios necessária para justificar a quantidade de dinheiro que a News Corp. pagava por ele.

Outros temeram que a News Corp. modificasse o que popularizou o MySpace entre jovens e adolescentes em busca de contato tanto uns com os outros como também com cantores e bandas que usavam o site para promover suas músicas. A ideia era que os usuários fugiriam em massa do MySpace, trocando-o por outros sites de relacionamento, em protesto contra o fato de seu "lugar para encontrar amigos" já não ser uma novidade ousada, mas uma peça da engrenagem de um enorme conglomerado de mídia que também incluía a turma de Bill O'Reilly* e o *New York Post*.

Os adolescentes, entretanto, não se rebelaram contra o MySpace. Na verdade, o site se tornou um sucesso ainda maior tendo Murdoch como dono. Em

---

* Comentarista político de rádio e TV considerado conservador. (N. do T.)

janeiro de 2008, havia quase 300 milhões de contas registradas, e o site recebia em média 68,6 milhões de visitantes individuais por mês, além de 43,3 *bilhões* de acessos às suas páginas. Trata-se de um aumento substancial em relação aos 34 milhões de usuários registrados em todo o mundo que o MySpace tinha quando a News Corp. o comprou, em novembro de 2005. Naquela época, o site recebia em média apenas 12,5 milhões de visitantes individuais por mês nos Estados Unidos e 26,7 bilhões de acessos às suas páginas, de acordo com a comScore, empresa que pesquisa o tráfego na internet.

"Todos vocês riram de mim por comprar o MySpace", disse Murdoch a investidores, em setembro de 2007, durante uma conferência sobre mídia do banco Goldman Sachs. "Quanto o site vale hoje? Mais de vinte vezes o que pagamos por ele."[3]

Na época dessa observação, Murdoch parecia estar apenas enchendo o peito para mostrar que novamente havia provado que os céticos estavam errados. Entretanto, vários analistas duvidaram de sua afirmação de que o valor do MySpace aumentara de US$ 580 milhões para US$ 11,6 bilhões em apenas dois anos.

Apenas um mês depois, o "chute" de Murdoch sobre o valor do MySpace mostrou-se muito mais visionário. A Microsoft comprou uma pequena parte do principal rival do MySpace, o Facebook, por um preço que aumentou de maneira colossal o valor do site para US$ 15 bilhões. E, como Murdoch adorava afirmar a quem quisesse ouvir, o Facebook tinha menos usuários e menor quantidade de acessos mensais às suas páginas do que o MySpace.

Portanto, a Dow Jones poderia se tornar outro sucesso como o MySpace, um bem por trás do qual ele poderia projetar um considerável poder de marketing para impulsionar seu potencial de venda e lucro. E, mesmo se a Dow Jones nunca se tornasse uma força financeira para a News Corp., talvez a posse do *Wall Street Journal* desse a Murdoch algo que não se pode encontrar em uma declaração sobre lucros e perdas, algo pelo que muitos acham que ele anseia há décadas: credibilidade e integridade jornalística.

Os tabloides de Murdoch, como o *New York Post* e os britânicos *The Sun* e *News of the World* (este último semanal) não são exatamente conhecidos por publicarem notícias sérias e incisivas. Por outro lado, o *Journal* é amplamente reconhecido como uma das melhores publicações do mundo e certamente uma das fontes mais respeitadas de notícias sobre negócios.

Nesse sentido, alguns sugerem que a aquisição da Dow Jones tem mais a ver com ego do que com dólares.

"Esse negócio está no sangue dele há vinte anos. É um negócio de paixão, não de planilhas de custos", disse Steven Rattner, diretor da empresa de private equity* Quadrangle Group, numa conferência de mídia em outubro de 2007, em Nova York.[4]

Nos anos 1980, Rattner foi banqueiro de investimentos da Morgan Stanley e assessorou Murdoch quando a News Corp. comprou uma parte da Pearson, conglomerado de mídia britânico proprietário do jornal *Financial Times*, amplamente reconhecido como principal rival do *Journal* no mundo. Rattner diz que o principal motivo do interesse de Murdoch na Pearson foi o fato de esta possuir o *Financial Times*.[5]

Entretanto, a oferta de Murdoch à Dow Jones aconteceu num momento de grandes mudanças na indústria jornalística, em meio à queda do número de leitores e da receita com venda de anúncios.

Por esse motivo, alguns analistas e investidores que acompanham a News Corp. consideraram aquele um momento de dar menos ênfase a empresas de jornais, e não de aumentar o número de publicações.

A Dow Jones finalmente concordou com a proposta da News Corp. em 1º de agosto. Na época, analistas previram que as vendas da Dow Jones em 2008 aumentariam apenas 2,4% em relação a 2007. Portanto, em essência, a News Corp. estava comprando uma empresa com uma perspectiva muito pequena de crescimento no futuro próximo.

---

* Tipo de atividade financeira em que grandes instituições investem em empresas que ainda não estão listadas na Bolsa de Valores. (N. do E.)

É claro que Murdoch tinha um plano. Seu argumento era de que o negócio da Dow Jones não era vender jornais, mas gerar uma renda cada vez maior com a propaganda na internet. Murdoch alardeou que a Dow Jones conseguiria fazer um trabalho melhor de expansão on-line, agora que integrava a máquina da News Corp., do que teria conseguido sozinha como empresa independente controlada por um família pequena.

Além disso, a aquisição foi feita claramente para ajudar a aumentar as chances de sucesso da nova Fox Business Network, uma rede de notícias de negócios a cabo, da News Corp., que compete com a CNBC, rede da General Electric que domina esse campo, bem como com a Bloomberg Television, que é menor.

Pessoas do meio televisivo especularam durante anos que Murdoch lançaria sua própria rede de notícias de negócios. O burburinho aumentou depois de a CNN fechar sua rede CNNfn, em 2004. Murdoch finalmente oficializou o negócio em fevereiro de 2007. Na verdade, o anúncio da News Corp. sobre a criação da Fox Business Network foi dado no mesmo dia em que Murdoch falou sobre "estudar" a ideia de comprar a Dow Jones, na conferência da McGraw-Hill.

Portanto, ao olhar retroativamente, é impossível separar a decisão de comprar a Dow Jones da de lutar frente a frente com a CNBC. Embora a CNBC tenha um contrato — válido até 2011 — que a permite compartilhar os recursos para obtenção de notícias com a equipe editorial do *Wall Street Journal*, analistas sugerem que a esperança é que os leitores leais ao jornal se tornem agora telespectadores leais da Fox Business, ou, pelo menos, que suas TVs estejam sintonizadas tanto na CNBC quanto na Fox Business nos horários de operação do mercado.

No dia em que anunciou o lançamento da rede, Murdoch já alardeava que um dia sua Fox Business Network superaria a CNBC como líder de audiência. Ele brincou dizendo que manteria em segredo os detalhes sobre a programação por temer que a CNBC "copiasse imediatamente" a Fox.

Murdoch e outros executivos da News Corp., no entanto, enfatizaram repetidamente, antes do lançamento da rede, em outubro de 2007, que a Fox

Business seria muito diferente da CNBC, cujo foco estava mais em operações diárias do mercado e em notícias financeiras de alto nível para atender aos viciados de Wall Street. A Fox Business teria um apelo mais Main Street, ou seja, para os comerciantes em geral.

Em agosto de 2007, falando com acionistas e analistas durante uma teleconferência sobre ganhos, Murdoch sugeriu que em "pouco tempo" esperava que a Fox Business Network valesse cerca de US$ 4 bilhões, quantia que, segundo ele, era mais ou menos o que a CNBC valia para a GE.

Declarações como essa são sinais claros de que Murdoch não teme desafio algum. Mostram que, obviamente, ele acha que cada nova propriedade de mídia criada pela News Corp. destina-se não apenas a dominar sua categoria, mas, em curto prazo, a ser infinitamente copiada pelos concorrentes. É um paradoxo interessante. Frequentemente, Murdoch lembra às pessoas da indústria como duvidavam dele e como era considerado "louco". Há certa atitude defensiva, uma sensação de que ele ainda tem de provar algo ao mundo da mídia. Ao mesmo tempo, porém, o ego de Murdoch não pode ser superestimado. Embora proclame que as pessoas não o levam a sério, ele também espera inteiramente que no fim das contas seus rivais o imitem para tentar obter e repetir seu sucesso.

Portanto, só o tempo dirá se algum dia alguém copiará a Fox Business, que teve um começo difícil. De acordo com dados preliminares da Nielsen Media Research, a audiência de 15 de outubro a 14 de dezembro de 2007 — os dois primeiros meses da rede no ar — foi tão baixa que os números exatos não foram revelados.

A Nielsen só divulgará números oficiais quando a rede alcançar um mínimo de 35 mil telespectadores por dia em qualquer dia da semana. Mas, de acordo com uma reportagem do *New York Times* de janeiro de 2008, citando fontes que viram os números verdadeiros, a Fox Business apresentava uma média de escassos 6.300 telespectadores por dia, enquanto a CNBC obtinha 283 mil.[6]

É claro que a CNBC tinha a vantagem de ser uma rede estabelecida e disponível para mais de 90 milhões de lares, enquanto a Fox Business só estava disponível para cerca de 30 milhões. Ainda assim, a baixa audiência da Fox Business é surpreendente à luz do sucesso de sua rede matriz.

Tanto o Fox News Channel quanto a rede Fox promoveram agressivamente em comerciais a estreia da Fox Business em setembro e início de outubro de 2007. A imprensa, à sua maneira inimitável, cobriu extensivamente a estreia do canal. Não há nada que a grande mídia goste mais de fazer do que se concentrar em si mesma e escrever sobre outras empresas de mídia, apesar de o telespectador médio não se interessar por assuntos "internos".

Nesse sentido, a revista *Fortune* dedicou uma longa reportagem de capa à Fox Business em sua edição de 29 de outubro de 2007, na qual afirmou que "Rupert Murdoch vê a FBN como o primeiro passo de sua estratégia para dominar o jornalismo financeiro global".[7]

Naturalmente, é prematuro declarar a Fox Business um fracasso. E durante uma teleconferência sobre ganhos em fevereiro de 2008, tanto Murdoch quanto o muito respeitado presidente e chefe de operações da News Corp., Peter Chernin, sustentaram que estavam felizes com a audiência até então e que era encorajador o fato de a rede ter perdido menos dinheiro do que eles haviam calculado que perderia nos primeiros meses de operação.

Entretanto, a resposta fraca à Fox Business, bem como o elevado ceticismo com a compra da Dow Jones (particularmente com o preço) levaram alguns seguidores de Murdoch a imaginar que ele se desfará da segunda e abandonará a primeira caso se canse de ambas.

Será, portanto, que a Dow Jones e a Fox Business terão o mesmo destino da *TV Guide* e do L.A. Dodgers ou, assim como a Fox e a Fox News, vão prosperar e se tornar importantes franquias do titã da mídia que se espalha?

"Há certos bens da Dow Jones que Murdoch quer explorar com o objetivo de expandir seu império, particularmente em TV a cabo e por satélite, e também na internet", disse John K. Hartman, professor de jornalismo na Central Michigan University. "Mas daqui a dois ou três anos ele pode resolver que já não precisa da empresa inteira. Esse é o histórico dele."[8]

As ações da News Corp. caíram aproximadamente 40% entre a época em que a compra da Dow Jones foi anunciada, em maio de 2007, e julho de 2008. As ações de todas as empresas de mídia despencaram nesse período em virtude de preocupações com a desaceleração econômica nos Estados Unidos, levando a uma retração da receita com anunciantes e dos gastos de consumidores. Portanto, não é completamente justo dizer que a News Corp. está sendo punida por Wall Street somente pela compra da Dow Jones.

Dito isso, vale a pena observar que as ações de um dos maiores concorrentes da News Corp., a Walt Disney, tiveram um desempenho muito melhor que as da News Corp. no mesmo período: caíram apenas 10%.

Se as ações da News Corp. continuarem sendo afetadas, não será uma grande surpresa que Murdoch tome alguma atitude para sacudir as coisas. Negociar faz parte de sua natureza. Mas certamente é cedo demais tanto para declarar que sua aposta na Dow Jones é um fracasso quanto para esperar que ele admita uma derrota em sua aspiração às notícias financeiras.

"A história de homens de negócio que tentaram competir com Rupert indica que é tolice fazer isso", diz Larry Haverty, administrador de portfólio e analista da GAMCO Investors, empresa de investimentos institucionais que possui mais de US$14 milhões em ações da News Corp.[9]

Murdoch nunca fugiu de uma briga. E seu histórico fala por si. Ele construiu a News Corp. a partir de uma simples empresa que controlava o *Adelaide News*, jornal que herdou depois da morte de seu pai, *Sir* Keith Murdoch, em 1952, e criou um império global com uma receita anual de quase US$ 33 bilhões, e que vale US$ 37 bilhões. Tudo isso e outras coisas mais demonstram que apostar contra Murdoch não é uma decisão sábia.

1. Comece a espalhar a notícia

Para entender por que Murdoch desejou a Dow Jones tão ardentemente, é preciso contar a história da News Corp. desde o início. Hoje, a empresa é conhecida especialmente pela rede de televisão, os canais a cabo e os estúdios Fox. Mas a News Corp. sempre foi uma empresa de jornal. E Murdoch, apesar do que sustentam seus numerosos críticos, sempre se considerou um jornalista à moda antiga.

Apesar de a venda de anúncios em jornais e a renda com circulação diminuírem continuamente em muitas empresas do ramo, o jornalismo impresso ainda é fundamental para a News Corp.

Durante os três primeiros trimestres do ano fiscal de 2008, que terminou em março daquele ano, a divisão de jornais da News Corp. respondeu por quase 18% do total de vendas da empresa e por aproximadamente 13% de seu lucro operacional. Agora que a Dow Jones foi incorporada aos resultados, a importância dos jornais para o quadro financeiro geral da News Corp. aumentou. O acordo foi fechado em meados de dezembro de 2007.

Rupert Murdoch não deu qualquer sinal de que algum dia se desfará dos jornais, embora admita que a indústria enfrenta muitos desafios intimidantes. Muitas vezes ele tem falado de maneira nostálgica sobre a idade avançada dos jornais e admitido abertamente que o maior desafio da indústria é atrair leitores jovens, muitos dos quais obtêm suas notícias somente na internet ou em programas cômicos de "notícias falsas" na televisão, como os populares *The Daily Show with Jon Stewart* e *The Colbert Report*.

Murdoch ainda se considera claramente um jornalista. Está no seu sangue, depois de ter sido criado no ramo e de assumir o jornal de sua família após a morte do pai.

Nos comentários feitos na conferência da McGraw-Hill, em fevereiro de 2007, Murdoch lamentou que "o antigo hábito de ler o jornal no café da manhã acabou" e acrescentou que "a economia está se tornando mais difícil para os jornais o tempo todo". E, num discurso à Sociedade

24 A cabeça de Rupert Murdoch

Americana de Editores de Jornais, em abril de 2005, explicou as principais questões demográficas que ameaçam os donos de jornais e admitiu que a única maneira de a indústria sobreviver é se adaptar aos novos hábitos dos leitores mais jovens.

"Sou um imigrante digital. Não desmamei com a internet nem fui criado com um computador. Em vez disso, cresci num mundo altamente centralizado, em que notícias e informações eram firmemente controladas por alguns editores que ousavam dizer o que podíamos e devíamos saber. Minhas duas filhas mais novas, por outro lado, serão nativas digitais. Elas nunca conhecerão um mundo sem o onipresente acesso à internet de banda larga", disse ele, referindo-se às filhas de seu terceiro casamento, Grace e Chloe, que na época eram crianças.

A indústria de notícias se transformou numa indústria em que blogueiros independentes e leitores têm tanta voz, se não mais, quanto editoras, empresas jornalísticas e grandes conglomerados de mídia para ditar o fluxo da cobertura de notícias. Isso difere muito da maneira como a indústria funcionava no início dos anos 1950.

Rupert Murdoch foi estagiário do *Melbourne Herald* em 1949. Quando estudava na Universidade de Oxford, na Inglaterra, passou verões trabalhando em publicações da Fleet Street, a rua dos jornais em Londres.

Depois da morte de *Sir* Keith Murdoch, em 1952, grande parte dos bens da empresa foi vendida para pagar dívidas. Rupert assumiu, porém, o controle do *Adelaide News*, que começou a dirigir em 1954, e durante os anos seguintes formou um portfólio de jornais e canais de televisão australianos para transformar sua empresa — na época conhecida como News Limited — num nome importante da mídia de seu país natal. (A News Limited mudou seu nome para News Corporation em 1980.)

Em 1960, Murdoch já havia adquirido uma parte do jornal *The Sunday Times*, de Peter, a estação de televisão Channel 9, em Adelaide, a revista feminina *New Idea* e, de forma mais notável, o *Daily Mirror*, em

Sydney. Em 1964, Murdoch lançou sua primeira nova publicação, o jornal de circulação nacional *The Australian*. Naquele ano, a News Limited adquiriu também uma parte da Wellington Publishing, a maior empresa de mídia da Nova Zelândia.

Obviamente, esse foi apenas o começo. Murdoch logo voltou seus olhos para dois mercados que dispunham de um potencial de crescimento muito maior do que a Austrália: Grã-Bretanha e Estados Unidos.

Em 1969, Murdoch fez sua primeira manobra para estabelecer uma cabeça de ponte no Reino Unido, derrotando o titã da mídia, o tcheco Robert Maxwell, numa batalha de ofertas pelo *News of the World*. A publicação — um popular tabloide semanal britânico com mais de cem anos e conhecido por sua cobertura insolente de escândalos e crimes — era intensamente perseguida pelos dois magnatas.

Aparentemente, foi a partir desse negócio que nasceu o entusiasmo de Murdoch por fazer aquisições, sobretudo quando pode gastar mais do que outra pessoa.

"Ele sempre quer fazer negócios. É sua razão de viver. Venceu uma multidão de concorrentes notáveis e muito bem-sucedidos durante toda a sua trajetória antes de derrotar Maxwell e conseguir o *News of the World*. Ele tem sede de negócios e é um visionário", diz Richard Dorfman, diretor executivo da Richard Alan Inc., empresa de investimentos que se dedica à indústria da mídia e tem sede em Nova York.[1]

Mais tarde, naquele ano, Murdoch adquiriu também o *Sun*. Sob seu controle, o jornal se tornou rapidamente um item importante e controverso no cenário da mídia britânica. Em 1969, o *Sun* começou a publicar fotos de modelos femininas na terceira página, um recurso criado para ajudá-lo a competir com seu principal rival, o *Daily Mirror*, que tradicionalmente publicava fotos de mulheres de biquíni ou lingerie.

Depois de alguns meses, o *Sun* aumentou a aposta e publicou sua primeira foto de uma modelo de topless na terceira página, um golpe para atrair a atenção que imediatamente aumentou as vendas do jornal.

Foi o início de uma tendência de Murdoch, a qual o tornou alvo de muitas pessoas da indústria midiática que desaprovaram seu estilo de jornalismo. Murdoch copiou um concorrente e foi ainda mais longe. Esse foi o primeiro exemplo do casamento promovido por Murdoch entre notícia, sensacionalismo e entretenimento, com o objetivo de vender mais jornais — uma tática ainda hoje utilizada por ele. A "garota da página 3" continua sendo um recurso diário do *Sun*, e as mulheres ainda aparecem de topless.

Em razão desse recurso, considerado machista, Murdoch e o *Sun* têm sido muito criticados na Grã-Bretanha. A atual editora do jornal, Rebekah Wade, no entanto, defendeu a "garota da página 3" em testemunho à Comissão de Comunicação da Câmara dos Lordes, em janeiro de 2008, como parte de um inquérito sobre propriedade de mídia no Reino Unido. Editora do *Sun* desde 2003 e antes disso editora do *News of the World*, Wade disse não considerar o recurso machista.

"Os leitores do *Sun* adoram isso, tanto os homens quanto as mulheres", disse ela durante o testemunho, acrescentando que "não deve haver muita gente no país que não saiba que as garotas da página 3 estão todo dia na página 3 do *Sun*".[2]

Quando lhe perguntaram se achava que as vendas cairiam se o jornal retirasse a garota da página 3, Wade respondeu que se tratava de "uma pergunta interessante. Não tenho a menor ideia do que aconteceria. Adoro a página 3, e portanto não a retiraria, mas não sei o que aconteceria."[3]

A ascensão do *Sun* à proeminência na Grã-Bretanha — graças à sedução dos seios femininos nus — foi um divisor de águas na indústria de notícias, e todos os jornais de propriedade de Murdoch no mundo fizeram o mesmo. Eles estimularam o fator sexo e perversão para impulsionar as vendas nas bancas e a circulação.

Em meados dos anos 1970, Murdoch tentava repetir nos Estados Unidos seu sucesso na Grã-Bretanha. Em 1972, a News Limited adquiriu seus primeiros jornais americanos, comprando o *San Antonio*

Express e o *San Antonio News* da empresa de mídia americana Harte-Hanks. O *San Antonio News* tinha um estilo semelhante ao dos tabloides, até que os dois jornais se fundiram para formar o *San Antonio Express-News*, em 1984.

Para Murdoch, estabelecer uma operação na imprensa americana foi um passo decisivo que o ajudaria a se expandir nos Estados Unidos. Em 1974, a News Limited lançou um tabloide semanal chamado *National Star*, com o objetivo de competir diretamente com o líder desse nicho, o *National Enquirer*. Mais tarde conhecido apenas como *Star*, o *National Star* era impresso frequentemente nas impressoras da News Limited, em San Antonio. E, apesar de enfrentar uma batalha difícil com o líder no mercado, rapidamente emparelhou com o *National Enquirer*. No início dos anos 1980, a circulação do *Star* era quase igual à do *National Enquirer*, de acordo com uma análise da Project for Excellence in Journalism, organização de pesquisas afiliada da Pew Charitable Trusts.

Entretanto, foi a aquisição do *New York Post* que ajudou Murdoch a se tornar um nome conhecido muito além das fronteiras da Austrália e do Reino Unido. Em 1976, a News Limited comprou o *Post*, que orgulhosamente exibia, na primeira página, o selo com a imagem de seu fundador, Alexander Hamilton. O jornal era famoso por ser uma publicação extremamente liberal sob a liderança da antiga proprietária, Dorothy Schiff. Rapidamente, porém, estabeleceu uma tendência editorial mais conservadora, para consternação de muitos democratas.

Assim como seus irmãos tabloides no Reino Unido, o *Post* adquiriu gosto pelo sensacionalismo. Para bem ou para o mal — e muitos da indústria de mídia argumentariam ferozmente que foi para mal — o *New York Post* e os tabloides britânicos de Murdoch mudaram irrevogavelmente a forma de se fazer jornal. Manchetes engraçadas e fofocas lascivas encontradas no *Sun* e no *New York Post* ajudaram a abrir caminho para uma incessante cobertura de "notícias" sobre celebridades no final do século XX e início do XXI.

Uma famosa manchete do *New York Post* em 1982, "Headless Body in Topless Bar"* se tornou tão representativa do espírito da cultura na época, que hoje, em muitas redações, ainda é pronunciada com sentimentos que misturam desdém e respeito rancoroso. A manchete acabaria sendo usada, em 1995, como título de um filme grosseiro, de baixo orçamento.

Programas de televisão como *Inside Edition* e *Access Hollywood* e sites como PerezHilton.com e TMZ.com certamente têm uma dívida de gratidão com Murdoch, uma vez que é discutível se haveria uma indústria de fofocas de celebridades se não fosse por ideias como a seção Página 6 do *New York Post*.

O *New York Post* nunca representou grande fonte de renda para a News Corp. Na verdade, muitos analistas acreditam que o jornal continue no vermelho até hoje. Mas Murdoch é tão fascinado por esse tabloide que o comprou duas vezes. Em 1988, foi obrigado a vendê-lo em virtude de pressões do governo americano. Alguns políticos não viram com bons olhos o fato de ele possuir um jornal e uma emissora de televisão no mesmo mercado. Entretanto, Murdoch conseguiu convencer a Comissão Federal de Comunicação a dar uma nova licença à News Corp. em 1993, que permitiu à empresa possuir tanto o *New York Post* quanto a WNYW, estação de TV local de Nova York afiliada da Fox. Isso possibilitou a Murdoch salvar o jornal da ruína financeira. O *Post* estava prestes a fechar.

Essa também não foi a última investida de Murdoch nos Estados Unidos. Ele adquiriu o semanário *Village Voice*, em 1977, conhecido como liberal e alternativo; o tabloide *Boston Herald American*, em 1982, mais tarde rebatizado de *Boston Herald*; e o tabloide *Chicago Sun-Times*, em 1983.

Mas foi o *New York Post* — graças à sua presença na capital mundial da mídia — que ajudou Murdoch a se estabelecer como celebridade, o

---

* Em inglês, a manchete "Corpo sem cabeça em bar de topless" faz um trocadilho com as palavras "headless" (sem cabeça) e "topless" (sem sutiã). (N. do T.)

que lhe era de direito. Entretanto, com a fama veio uma maior exposição. Assim como cresceu o império de Murdoch, cresceu o número de críticos. Era como se Murdoch, um para-raios de controvérsias, fosse constantemente atacado por um motivo ou outro, e a mídia raramente perdia a chance de atirar nele quando havia oportunidade.

Apesar de o tom atrevido dos tabloides da News Corp. ter erguido algumas sobrancelhas pelo mau gosto, a ritualística construção e destruição de celebridades em publicações como o *Sun* e o *New York Post* eram consideradas relativamente inofensivas. O que realmente causava barulho entre os discípulos da mídia — particularmente entre aqueles de tendência mais liberal — era que Murdoch frequentemente usava suas operações de notícias para influenciar a política pública.

Para Dorfman, tais críticas foram um pouco injustas. Sua opinião é de que, no fim das contas, o lucro é a primeira motivação de Murdoch para possuir jornais, e a política é secundária.

"Quando compra empresas e põe suas equipes ali, especialmente em publicações, Murdoch ganha a má fama de monstro com tendência conservadora. Mas ele não compra empresas apenas para propagar sua mensagem conservadora", diz Dorfman. "Sim, ele realmente tem uma ideologia conservadora. Muitos ficaram chateados quando Murdoch comprou o *New York Post* e o transformou de um jornal razoavelmente sério num tabloide. Mas ele o tornou uma entidade mais viável. Quando as pessoas explodem por ele trazer seus irmãos ideológicos, dizendo que ele é um monstro, acho completamente injusto. Rupert está ali para ganhar dinheiro."[4]

Entretanto, é difícil negar que os jornais de Murdoch frequentemente refletem sua visão política. O *New York Post*, por exemplo, embora seja um veículo mais viável sob sua liderança do que era antes de ele o adquirir pela primeira vez, em 1976, nunca foi uma importante fonte de lucro. Isso nos leva à seguinte pergunta: por que, durante tanto tempo, sua paixão por jornais não diminuiu, considerando a realidade do modelo de negócio que representavam? Por que ele acumulava mais e mais jornais mesmo quando o público leitor diminuía em todo o mundo?

Essa se tornou uma questão mais incisiva quando Murdoch adquiriu dois jornais britânicos com reputação editorial bem mais sólida do que o *News of the World*, o *Sun* ou o *New York Post*. Em 1981, Murdoch comprou da Thomson Corp. o *Times* e o *Sunday Times*. Essas publicações estavam entre aquelas consideradas mais refinadas intelectualmente na Grã-Bretanha, competindo com outros jornais "sérios", como o *Observer* e o *Guardian*. A cobertura da política britânica nos jornais de Murdoch — particularmente o apoio leal a Margaret Thatcher e ao Partido Conservador nos anos 1980 e as críticas à União Monetária e Econômica Europeia nos anos 1990 — era rotineiramente atacada por aqueles que achavam que os editores e repórteres de Murdoch eram obrigados a reproduzir suas crenças.

Murdoch se referiu a algumas das preocupações sobre sua influência durante uma reunião com membros da Comissão de Comunicação da Câmara dos Lordes, em setembro de 2007, em Nova York. E apresentou uma opinião franca sobre seu papel na definição da cobertura jornalística, sem pedidos de desculpas.

De acordo com a ata da reunião, Murdoch declarou que o principal papel da mídia era "informar". Mas a ata prossegue afirmando que ele "não disfarçou o fato de atuar tanto econômica quanto editorialmente". Murdoch disse aos membros do Parlamento que "a lei" não permitia que ele instruísse os editores do *Times* e do *Sunday Times*, e acrescentou que havia um conselho editorial independente para assegurar que ele não interferisse na avaliação das notícias pelos editores.[5]

Murdoch, porém, prosseguiu admitindo que, embora nunca diga aos editores para fazer especificamente "isso ou aquilo", frequentemente pergunta: "O que você está fazendo?" E acrescentou que vê diferença entre seu papel no *Times* e no *Sunday Times* e a maneira como pode influenciar a cobertura editorial de seus tabloides *The Sun* e *News of the World*. Disse também que se sentia da mesma maneira em relação ao modo como dirigia tanto o *New York Post* quanto o *Wall Street Journal* quando este se tornasse parte da News Corp.[6]

Em relação aos tabloides, Murdoch descreveu a si próprio como um "proprietário tradicional". E a minuta observa que ele "exerce controle editorial sobre assuntos importantes — como qual partido apoiar numa eleição geral ou numa política em relação a Europa".[7]

Antigos e atuais funcionários com alto nível, de editorias de jornais britânicos de Murdoch, confirmaram que ele exerce um elevado grau de influência sobre decisões editoriais tanto nos tabloides quanto nos jornais mais renomados, como o *Times* e o *Sunday Times*.

Durante seu testemunho à Câmara dos Lordes em janeiro de 2008, Wade não chegou a dizer que Murdoch lhe dava instruções diretas sobre como cobrir notícias, fosse no *Sun* ou no *News of the World*. Mas não escondeu o fato de que algumas de suas opiniões políticas refletiam as de Murdoch, o que provavelmente era, de antemão, um motivo importante para ter sido nomeada editora das duas publicações. Essa admissão certamente dá uma ideia de como a política realmente influencia o raciocínio de Murdoch quando ele toma decisões sobre seus editores. Claramente, é importante para ele contratar pessoas que compartilhem suas opiniões políticas. Desse modo, ele pode evitar pedidos explícitos sobre a cobertura editorial, uma vez que já sabe que o editor escolhido provavelmente apresentará manchetes e reportagens que ele aprovará.

Rebekah Wade se estendeu sobre esse assunto: "Seria justo dizer que trabalho para o senhor Murdoch há 18 anos e que em 12 desses anos fui subeditora ou editora. Acho que seria justo dizer que, antes de qualquer nomeação — qualquer nomeação importante —, ele me conhecia muito bem. Dessa maneira, ele estaria consciente de minhas opiniões, tanto sociais, culturais, quanto políticas."[8]

Nesse sentido, Wade disse que, assim como Murdoch, opunha-se firmemente tanto à noção de uma Europa unificada quanto à ideia de a Grã-Bretanha ingressar na União Europeia. E Murdoch foi criticado por muitos na Europa por deixar que sua posição contra a UE fosse divulgada em seus jornais.

"Tome como exemplo a Europa. O senhor Murdoch estava absolutamente consciente de minhas opiniões sobre a Europa, acho que antes mesmo de eu me tornar editora do *News of the World*, talvez até antes de eu ser subeditora. Sou fortemente contra uma Europa federal e a burocracia que isso cria, e acho isso altamente prejudicial à vida de meus leitores. Sou muito, muito firme nisso; provavelmente mais firme, de alguma maneira, do que o próprio senhor Murdoch. Portanto, a campanha sobre a Europa certamente vem de mim", disse ela.[9]

Wade acrescentou que consultara Murdoch em 2005 sobre a cobertura do *Sun* para a eleição britânica naquele ano — o jornal acabou apoiando o primeiro-ministro e líder do Partido Trabalhista, Tony Blair. "Falei com o senhor Murdoch, é claro. O senhor Murdoch sempre foi jornalista; ele também sobreviveu a mudanças políticas tanto aqui quanto nos Estados Unidos. Seus conselhos são sempre exemplares e bons", disse ela.[10]

Entretanto, depois de uma série de perguntas sobre quanto Murdoch se envolvia nas atividades do dia a dia do *Sun*, Wade minimizou o contato que ela realmente mantinha com o chefe. "O senhor Murdoch dirige uma empresa de mídia global, com vastos interesses em todo o mundo. Ele viaja o tempo todo. Sabe muito bem delegar, e não é 'centralizador'. É muito prático na maneira como dirige seus negócios, e por isso é tão bem-sucedido. Portanto, a ideia de que eu falo com ele sobre tudo é inconcebível", disse ela.[11]

Andrew Neil, que foi editor do *Sunday Times* durante 11 anos, entretanto, testemunhou que Murdoch tinha um envolvimento bastante ativo com a cobertura de publicações de maior prestígio, embora houvesse uma diretoria independente que o impedia de "instruir" especificamente os editores sobre o que fazer ou não.

"Acho que a palavra-chave na sentença de Murdoch é 'instruir'. Ele não instrui os editores do *Times* e do *Sunday Times*, jornais sérios, mas isso não quer dizer que não tenha influência e que não faça você saber o que ele pensa. Há muitas maneiras de influenciar um jornal sem dar instruções diretas. Durante os 11 anos em que fui editor do *Sunday Times*, nunca recebi uma instrução para seguir uma linha específica, nunca recebi uma instrução para pôr alguma coisa na primeira página e acho que nunca recebi sequer uma instrução para não fazer alguma coisa. Mas nunca tive dúvida sobre o que ele queria", disse Neil.[12]

Quando solicitado a esclarecer melhor como sabia exatamente o que Murdoch queria, Neil disse: "Porque recebia telefonemas periódicos. Às vezes chegavam rapidamente e furiosos, outras vezes não ouvia nada dele e, em cada conversa, ele fazia com que você soubesse sua opinião. Eu sabia o que ele achava sobre cada assunto importante na época e cada grande personalidade política ou dos negócios. E você sabia, como editor, que não era dono da propriedade. Você arrendava a propriedade, e esse arrendamento dependia de acomodar suas opiniões na maioria das vezes, não todas as vezes. De vez em quando tínhamos desavenças bem sérias, e ainda assim sobrevivi como editor. Eu sempre disse que para sobreviver a Rupert Murdoch, na verdade a qualquer proprietário, um editor precisa estar no mesmo planeta. Você não precisa necessariamente estar no mesmo continente o tempo todo, nem no mesmo país. Mas tem que estar no mesmo planeta, de outra forma a relação não funciona."[13]

Neil, assim como Wade, mencionou que também tinha opiniões semelhantes às de Murdoch, o que provavelmente foi um motivo pelo qual conseguiu trabalhar para ele por tanto tempo. Durante seu testemunho, Neil brincou ao dizer que quando Murdoch o contratou sabia que ele "não tinha um passado no Partido Revolucionário dos Trabalhadores Socialistas".[14]

Mas Neil pintou um quadro que mostrava Murdoch muito mais como um maníaco por controle e um supervisor meticuloso do que Wade em seu testemunho. "Ele não se considera editor-chefe do *Times* nem do

Sunday Times, mas alguém que deve ter mais influência sobre esses jornais do que qualquer outra pessoa. E, além dos telefonemas e conversas, uma parte do seu processo para fazer você conhecer a mente dele é recortar editoriais, sobretudo do *Wall Street Journal*. Porque ele adora o *Wall Street Journal* e vai adorá-lo ainda mais agora que é seu dono. Ele recortava editoriais e os enviava por fax, na época do fax. Uma clara indicação de que não seria má ideia seguir aquela linha editorial. Eu recebia textos sobre o Guerra nas Estrelas,* Reagan, Guerra Fria, e por aí em diante. Às vezes os seguia e às vezes não", disse Neil.[15]

Neil também discorda da caracterização que Wade faz de Murdoch como alguém que não estava terrivelmente interessado no que havia no *Sun* ou em outros tabloides, além das notícias de entretenimento. Wade mencionou que uma de suas maiores desavenças com Murdoch foi pelo fato de que ele "frequentemente ficava chateado com a quantidade de notícias sobre celebridades" que ela punha no jornal, "particularmente sobre o *Big Brother*, por exemplo". "Ele não consegue entender por que dedico tantas páginas ao *Big Brother*", disse ela, antes de acrescentar, ao ser pressionada a falar sobre outros grandes pontos de divergência com Murdoch: "*I'm a Celebrity, Get Me Out of Here* frequentemente pode causar problemas também. Já em relação ao *Pop Idol*, estamos absolutamente de acordo, e ele acha o programa muito bom. Você sabe, é coisa séria!"[16]

Em outras palavras, Wade tentou pintar Murdoch como um jornalista sério cujo único motivo de preocupação era o fato de seus tabloides terem reportagens demais sobre reality shows frívolos como *I'm a Celebrity* e *Pop Idol*. Ela negou que Murdoch estivesse desempenhando a função de ditar a cobertura política.

Para Neil, porém, "embora Murdoch não tenha sido nomeado editor-chefe do *Sun* ou do *News of the World*, é isso, na verdade, o que ele é.

---

* Programa americano para destruir mísseis nucleares no espaço, depois de lançados. (N. do T.)

Não há qualquer posição política que o *Sun* assuma, seja em relação ao euro ou ao atual Tratado Europeu, ou quem o jornal apoiará na eleição geral, nada que possa ser decidido sem uma grande interferência de Murdoch". Neil também indicou que, quando trabalhou para o *Sun*, o editor "recebia telefonemas diariamente. Eu tinha sorte. Só os recebia uma ou duas vezes por semana, às vezes uma vez por mês. Mas Kelvin MacKenzie, quando era editor, tinha conversas diárias [com Murdoch], não para determinar a manchete da primeira página ou o que ela seria exatamente, mas para assegurar que cada assunto importante seguisse a linha de Rupert Murdoch — e é claro que naquela época o *Sun* exercia muito mais influência na política dessa terra do que hoje".[17]

E, talvez confirmando o que a maioria dos críticos de Murdoch temia, Neil também alegou em seu testemunho que desde que fora comprado pela News Limited, em 1969, o *Sun* "nunca assumiu uma posição que não tivesse total apoio, e, de fato, isso acontecia em razão da grande influência de Rupert Murdoch".[18]

Com base nos comentários de Neil e Wade, fica claro que Murdoch pode facilmente obter de seus jornais o tipo de cobertura que deseja. Às vezes, ele pode ser mais do que um supervisor meticuloso, e dar telefonemas diretamente e fazer exigências a seus editores. Muito frequentemente, porém, os editores já parecem saber exatamente o que ele quer ver. Portanto, as decisões são tomadas para assegurar que os editores não recebam telefonemas de Murdoch perguntando: "O que você está fazendo?" De um jeito ou de outro, seja porque Murdoch ajuda explicitamente a definir a cobertura editorial por meio de exigências específicas, seja porque os editores estão simplesmente fazendo o que acham que ele quer, de modo a evitar sua fúria, os resultados são os mesmos. A cobertura dos jornais de Murdoch tem, indelevelmente, a marca de suas opiniões políticas.

Mas, apesar de ter se desentendido com Murdoch e deixado o *Sunday Times* em 1996 a fim de trabalhar para o rival *Daily Mail*, Neil defendeu, em seu testemunho, o direito de Murdoch de agir como tem agido ao longo dos anos. Hoje, Neil é presidente do Press Holdings Media Group, que publica a revista conservadora *The Spectator*.

"Quando esse debate acontece na Grã-Bretanha, frequentemente precede o que, a meu ver, é uma suposição bastante estranha de que o dono do jornal — aquele que conseguiu capital para comprá-lo, que corre todos os riscos, paga as contas e lida com qualquer confusão criada por um editor, inclusive enormes contas por processos de difamação — deve ser a única pessoa a não dizer nada sobre o conteúdo do jornal", disse Neil. "Isso é muito diferente de dizer que o proprietário deve editar o jornal; essa é uma outra questão. A ideia de que um proprietário não tem voz alguma na direção do conteúdo do jornal me parece louca. Afinal de contas, essa pessoa certamente tem mais a dizer do que qualquer outra que não seja o editor."[19]

Portanto, embora possa ser tentador considerar o comentário de Neil mero ressentimento de um ex-funcionário decepcionado, seria imprudente fazê-lo. Em vez disso, combinado tanto com o testemunho de Wade como com as observações do próprio Murdoch durante sua conversa com os membros da Câmara dos Lordes, deve ser interpretado, talvez, como a percepção mais relevante do processo de raciocínio por trás da forma que Murdoch constrói seu império de jornais e de suas verdadeiras motivações. Essa análise do papel reconhecidamente ativo de Murdoch em seus jornais acontece num momento desconfortável para a News Corp., uma vez que coincide com a consumação da compra da Dow Jones. Em virtude dessa aquisição, muitos na mídia examinam Murdoch ainda mais de perto, em busca de sinais de interferência na cobertura que a Dow Jones faz da China, um mercado que, conforme será discutido com mais detalhes adiante, tornou-se uma área de intenso interesse para Murdoch e toda a News Corp.

Talvez uma preocupação ainda maior para Murdoch e a News Corp. não deveria ser o fato de o legado da Dow Jones correr o risco de ser maculado pela culpada associação com Murdoch, mas se a News Corp.

realmente deve continuar a ser um importante jogador na indústria de jornais. Como Murdoch tem observado, os jornais já não representam uma indústria de grande crescimento. E, embora a News Corp. tenha decidido ousadamente fazer uma aposta maior nessa indústria ao comprar a Dow Jones, os negócios jornalísticos vêm perdendo proeminência na News Corp. nas últimas décadas.

A News Corp. se desfez de quase todas as suas publicações com sede nos Estados Unidos, fosse para ajudar a financiar oportunidades de crescimento em outros negócios, ou em resposta à crise financeira que, no início dos anos 1990, quase a deixou debilitada.

Murdoch vendeu o *Village Voice* em 1985 e o *Chicago Sun-Times* em 1986. Na época, a News Corp. se preparava para inaugurar a rede de televisão Fox nos Estados Unidos. Vendeu também muitas das revistas de viagem que comprara em 1984 de Ziff Davis, por US$ 350 milhões; e em 1989 da Reed International, por US$ 825 milhões.

Em 1990, ao enfrentar problemas de dívidas pendentes, a News Corp. vendeu o *Star* para a empresa controladora do *National Enquirer*. Em 1993, livrou-se do *San Antonio Express-News* e, um ano depois, o *Boston Herald* também foi vendido.

Entretanto, a News Corp. adquiriu outros dois jornais pequenos em 2006, para complementar o *New York Post*. Murdoch comprou o *Times Ledger* e o *Courier-Life* — duas cadeias de jornais comunitários que publicam jornais semanalmente, com predominância nos bairros nova-iorquinos do Brooklyn e do Queens. A despeito dessas compras, a News Corp. permaneceu em ampla retração até o negócio com a Dow Jones.

Portanto, por quanto tempo Murdoch conseguirá manter sua primeira paixão nos negócios? O negócio de jornais mudou a tal ponto que, num mundo de mídia cada vez mais fragmentado, o leitor tem mais escolhas e mais poder.

Muitos leitores jovens que migraram para a internet já não querem notícias vindas de fontes da grande mídia, uma mudança que Murdoch admitiu ressentidamente em seus comentários aos membros da comissão da Câmara dos Lordes, em setembro de 2007.

"Você tem que jogar tudo lá e confiar no público. Quem somos nós para dizer o que eles podem escolher?", disse ele, referindo-se ao crescimento dos blogs e a como isso se somou à "massa totalmente caótica de material na internet".[20]

Fora as questões demográficas, ainda há outros grandes problemas atormentando a indústria.

"Há custos fixos tremendos, como o preço da gasolina, que afeta o custo de distribuição, e sobre o qual as empresas jornalísticas não têm controle algum", disse John Hartman, professor de jornalismo da Central Michigan University, acrescentando que, além disso, há o custo óbvio da impressão e do papel.[21]

Murdoch tem tomado medidas para lidar com a questão do custo. Em 2004, seguindo o exemplo de outros proeminentes jornais britânicos, o *Times of London* deixou de ser impresso em formato standard — o estilo com longas páginas verticais tipicamente associado a jornais de maior prestígio — e adotou o estilo tabloide, mais compacto, usado nos outros jornais britânicos de Murdoch. A mudança ajudou a reduzir as despesas com impressão e a impulsionar as vendas.

Em fevereiro de 2007, no entanto, na conferência de mídia da McGraw-Hill, Murdoch admitiu que o corte de custos só pode acontecer enquanto significar um aumento do lucro. E acrescentou que, num momento em que havia cada vez mais fontes de notícias grátis na internet, os jornais não podiam pensar em aumentar seus preços para ajudar a melhorar a margem de lucro.

"Aumentar o preço prejudica a circulação e cortar mais os custos não é a medida certa", disse Murdoch.

Tornando a questão mais complicada, se Murdoch de repente mudasse de opinião e resolvesse que era hora de a News Corp. recuar mais nos negócios de jornais ou de virar completamente as costas para suas raízes e sair totalmente da indústria, a empresa provavelmente teria dificuldade para encontrar muitos compradores interessados em seus jornais.

"Analisamos uma série de negócios com jornais, mas não é fácil concluí-los", disse Steven Rattner, da Quadrangle, em outubro de 2007, referindo-se ao interesse de sua empresa e outros investidores privados em jornais. "Essa indústria está sob considerável pressão operacional. É arriscado investir em empresas que apresentam uma trajetória descendente."[22]

Murdoch parece perceber isso e tem discutido a eventual necessidade de a indústria jornalística eliminar o "papel" do negócio. Em março de 2006, quando fazia a palestra anual na Worshipful Company of Stationers and Newspaper Makers, uma proeminente organização comercial em Londres, Murdoch disse que, embora achasse que "os jornais tradicionais têm muitos anos de vida pela frente... no futuro o papel e a tinta serão apenas um dos muitos canais para nossos leitores".[23]

Ele conclui com a seguinte pergunta: "O que acontece com o jornalismo impresso numa época em que consumidores recebem cada vez mais notícias sob demanda, interativas, entretenimento, esportes e classificados via banda larga, em suas telas de computador, telas de TV, telefones celulares e telefones convencionais? A resposta é que o grande jornalismo sempre atrairá leitores. As palavras, imagens e recursos gráficos, que são o recheio do jornalismo, têm que ser brilhantemente apresentados; precisam alimentar a mente e tocar o coração. E, de maneira crucial, os jornais precisam dar aos leitores opções de acessar seu conteúdo nas páginas do jornal ou em sites como o Times Online ou — e isto é importante — em qualquer plataforma que os atraia: celulares, aparelhos portáteis, iPods, o que for. Como eu já disse, talvez os jornais se tornem sites de notícias."[24]

Com isso em mente, observadores da indústria dizem que o próximo passo de Murdoch nos negócios de notícias, depois da Dow Jones, poderá ser comprar mais sites relacionados a notícias e evitar outras publicações impressas.

"Há ansiedade quanto ao futuro dos impressos. Até agora as vendas digitais não substituem a renda perdida com anúncios impressos. O cenário mais provável para a News Corp. é a empresa se proteger, focar na estratégia digital e comprar mais bens on-line. O *Journal* provavelmente é o último jornal que Murdoch vai comprar, durante algum tempo", disse Reed Phillips, sócio-diretor do DeSilva & Phillips, um banco de investimentos em mídia com sede em Nova York.[25]

Em 2004, porém, a News Corp. também anunciou que estava investindo em novas gráficas para impressão em cores, na Grã-Bretanha, durante os próximos quatro ou cinco anos, um sinal de que Murdoch não desistiu completamente do condenado modo de vender notícias.

"Na News Corporation, sempre fomos investidores a longo prazo na vanguarda das inovações tecnológicas. Esse novo e excitante projeto demonstra mais uma vez nosso compromisso absoluto com o futuro das publicações impressas", disse Murdoch na ocasião.[26]

Entretanto, se os jornais continuarem a perder leitores e renda com anúncios, e a apresentar margens de lucro desanimadoras, Murdoch poderá enfrentar pressões de acionistas para sair totalmente do negócio.

Muitos investidores institucionais de Wall Street começaram a evitar empresas de jornais e empresas com significativa exposição na moribunda indústria jornalística, em virtude do seu característico crescimento lento. As ações de jornais despencaram nos últimos anos; apesar disso, muitos investidores experientes ainda não acham que esta é a hora certa de comprá-las.

As ações podem parecer "baratas", mas o fato de já terem caído muito não significa que não vão cair ainda mais. "Pode ser que analisemos a compra de ações de alguns jornais com uma base de valor, mas tipicamente vamos para onde há atividade no mercado, e não há muita atividade nessa indústria", disse Craig Hodges, codiretor do Hodges Fund, com sede em Dallas, em setembro de 2007.[27]

Além disso, outras empresas de jornais estão decidindo que é hora de dividir suas operações jornalísticas em empresas a serem negociadas separadamente. Em fevereiro de 2008, a Belo Corp., proprietária de alguns canais de televisão, vendeu a A.H. Bello, dona do *Dallas Morning News*, do *Providence Journal* e de vários outros jornais.

E a E. W. Scripps planeja fazer o mesmo. A empresa — dona de jornais como o *Rocky Mountain News*, em Denver, e o *Commercial Appeal*, em Memphis, além de estações de TV locais, das redes a cabo Food Network e HGTV e do site de comparação de preços Shopzilla — disse em outubro de 2007 que planeja criar uma nova empresa, com o nome de Scripps Networks Interactive, que será proprietária de todas as TVs a cabo da Scripps e de seus bens na internet.

A empresa que manterá o nome E. W. Scripps controlará os jornais, as estações de TV locais e a United Media, que sindicaliza quadrinhos populares como *Peanuts* (no Brasil, as tirinhas do *Snoopy*) e *Dilbert*. O chefe de operações da E. W. Scripps, Richard Boehne, que se tornará CEO do setor de jornal e televisão da Scripps depois de a empresa ser dividida, disse, ao anunciar a divisão, que os 24 meses anteriores estavam entre os mais difíceis para a indústria de jornais em virtude do aumento da competição com a internet.

Apesar disso, Murdoch não tem mostrado sinais de que está pensando em reduzir seus bens jornalísticos. Ele alega ter a mistura certa de jornais para fazer uma transição bem-sucedida para a internet.

"Nossos impressos, em especial os jornais — historicamente o coração desta empresa —, continuam a gerar valor para nossa empresa e nossos acionistas, em parte por gerarem quantias enormes de dinheiro que financiam e satisfazem nossa estratégia. Neste exato momento, nossos impressos têm mais leitores do que jamais tiveram, graças à internet. A distinção que hoje parece dividir a mídia 'nova' e a 'velha' vai se provar ilusória com o tempo. Enquanto isso, investimos no futuro desses negócios", disse Murdoch no pronunciamento anual a acionistas, em outubro de 2006.[28]

Mas muitos que têm negócios na mídia e em Wall Street não compartilham essa visão.

"A era de tranquilidade nos jornais acabou há muito tempo", disse, em setembro de 2007, Scott Black, presidente da Delphi Management, empresa de investimentos institucionais com sede em Boston. Black tem ações da News Corp. e da Washington Post Company, mas disse que é mais fã de outros bens da News Corp. e que sequer considera a Washington Post Company uma empresa jornalística, uma vez que ela gera uma quantidade considerável de vendas e lucros com seu negócio em educação, a Kaplan.[29]

Para a News Corp., felizmente a Washington Post Company é muito mais do que uma empresa jornalística. Portanto, não está ameaçada pelos abalos sísmicos que atingem a mídia nem por seus concorrentes em publicações, como o *New York Times*, a Gannett e a McClatchy. Apesar de sua ligação sentimental com jornais, Murdoch tem sido astuto e frio o bastante para, quando precisa investir em outras áreas, cortar laços com alguns deles. E mesmo nos anos 1980, quando a News Corp. ocupava-se com o crescimento de seu nome na Madison Avenue e na Fleet Street, Murdoch nunca perdeu de vista um objetivo ainda maior de sua empresa: dividir a elite de Hollywood. Em meados dos anos 1980, a News Corp. faria uma aquisição que, sem dúvida, seria a mais significativa da história da empresa na época e, de maneira argumentável, mais de duas décadas depois, ainda a manobra mais esperta de Murdoch.

2. Louco pela Fox

É difícil imaginar como seria hoje a News Corp. se, em 1985, Murdoch não tivesse decidido adquirir a TCF Holdings, empresa controladora do respeitado estúdio de cinema 20th Century Fox.

A compra preparou o terreno para que a News Corp. se tornasse um dos principais atores da indústria de entretenimento, um setor da mídia muito mais celebrado — para não dizer mais lucrativo — do que a publicação de jornais e livros, o "tradicional" negócio da News Corp. na mídia.

Nos primeiros nove meses do ano fiscal de 2008, a divisão de entretenimento filmado da News Corp. ostentou margem de lucro operacional de 20%, e a margem do setor televisivo foi de 19%. A título de comparação, a HarperCollins, divisão de publicação de livros da News Corp., teve margem operacional de 13%, enquanto o implacável setor de jornais teve apenas 11%. No total, a margem de lucro operacional da News Corp. nos três primeiros trimestres do ano fiscal de 2008 foi de 16%.

Essa tendência continua. Nos primeiros nove meses do ano fiscal de 2008, a News Corp. gerou 21% do total de suas vendas e mais de um quarto de seu lucro operacional em sua divisão de entretenimento filmado, bem como 18% da renda e 20% do lucro operacional nos negócios de televisão, que incluem a rede asiática STAR e a Fox nos Estados Unidos.

Agora é fácil dizer que comprar a Fox foi uma manobra brilhante e um enorme sucesso para Murdoch. O estúdio de cinema foi diretamente responsável por vários dos *blockbusters* de maior bilheteria nas duas últimas décadas — incluindo as três sequências de *Star Wars*, *Independence Day*, *Esqueceram de mim* e *Uma noite no museu* — e coproduziu *Titanic* com a Paramount, filme de maior bilheteria de todos os tempos nos Estados Unidos e no mundo. Além disso, de 2004 a 2008 a rede de televisão Fox foi campeã de audiência na faixa dos 18 aos 49 anos, grupo etário mais cobiçado pelos anunciantes, graças a séries de sucesso como *House* e *24 horas*, ao duradouro desenho *Os Simpsons* e ao colossal destruidor de audiências *American Idol*.

Quando Murdoch revelou seus planos de se tornar um magnata de Hollywood, entretanto, em 1985, houve resmungos de ceticismo e perguntas sobre se ele havia perdido a cabeça. Em março de 1985, a News Corp. anunciou a compra de 50% da 20th Century Fox do barão de petróleo americano Marvin Davis, por US$ 250 milhões. O negócio foi feito quando o estúdio Fox cambaleava, depois de vários fracassos de bilheteria. Além disso, a Fox estava mergulhada em dívidas. Na verdade, como parte do investimento da News Corp., Murdoch concordou em adiantar US$ 88 milhões à 20th Century Fox para que dívidas fossem saldadas imediatamente.

A compra da Fox deu a Murdoch acesso aos negócios de distribuição em cinema e televisão, o que o ajudaria a fornecer programação para suas operações de televisão iniciantes na Austrália e na Grã-Bretanha. Mas essa não foi a primeira vez que Murdoch tentou abrir caminho no mercado de cinema e televisão. Em 1984, ele ameaçou assumir de maneira hostil o controle da Warner Communications. Ele havia conseguido uma participação de 5,6% na empresa e tentava chegar a 50%. Acabou saindo da briga pelas ações e concordou em vender sua parte de volta por US$ 173 milhões. Mais tarde, a Warner se fundiria com a Time Inc., e essa empresa combinada acabaria comprando a Turner Broadcasting Systems antes de se fundir com a AOL para criar o conglomerado hoje conhecido como Time Warner.

A compra por Murdoch de 50% da Fox também ocorreu num momento em que as consolidações ganhavam força nos negócios da mídia, particularmente em cinema e televisão. Apenas alguns dias antes, a Capital Cities Communications Inc., proprietária de estações de rádio e televisão, anunciou que concordara em comprar a American Broadcasting Company, dona da rede de televisão ABC, por US$ 3,5 bilhões. (Mais tarde, a Disney compraria a Capital Cities.) Murdoch claramente viu valor na empresa, mas muitos observadores da mídia ficaram confusos quanto aos motivos que o levavam a investir num negócio claramente problemático.

"Este é um investimento significativo para a News Corp.", disse Murdoch numa declaração. "A 20th é uma das maiores empresas de cinema e televisão e... está se posicionando para uma crescimento significativo."

A compra foi mais um exemplo da revelação de Murdoch de que, para a News Corp. ser de fato um protagonista mundial no negócio da mídia, ela deveria se expandir além do universo maçante dos jornais. O conteúdo manda, de acordo com o batido clichê do mundo da mídia. Murdoch sabia que a News Corp. não poderia se tornar um real concorrente de outros conglomerados de mídia como a Disney e a Warner Communications se não tivesse uma participação significativa em Hollywood.

Entretanto, Lee Isgur, analista da Paine Webber, empresa de Wall Street que seria adquirida pelo banco suíço UBS, disse ao *New York Times*, depois de anunciada a compra da Fox, que Murdoch "gosta da ideia de ter uma biblioteca de filmes e um braço de produção" e que "se ele pode ter a biblioteca de filmes e os direitos de distribuição da 20th Century Fox, nada mal". Ele também viu a motivação de Murdoch para a compra como algo além do aspecto financeiro. "Ele também tem um grande ego e quer entrar no negócio", acrescentou Isgur.[1]

Mas esse era apenas um sinal do que estava por vir. Murdoch não se contentaria com meros 50% de uma empresa de produção de cinema e televisão. Para fazer valer sua aposta em conteúdo, também precisava de mais canais para transmitir sua programação. Na Austrália, a News Corp. possuía a Nine Network, uma das maiores redes de televisão do país, e, em 1983, adquirira a popular Sky Network, na Grã-Bretanha. Murdoch começava a analisar a ideia de lançar amplas redes de televisão por satélite no Reino Unido e nos Estados Unidos, mas ainda não tinha canais de distribuição suficientes para justificar o negócio com a Fox. Isso logo mudaria.

Menos de dois meses após anunciar a compra de 50% da Fox, Murdoch atacou novamente e, em maio de 1985, concordou em se unir a Marvin Davis para comprar seis estações de televisão locais americanas da empresa de mídia americana Metromedia, por US$ 1,5 bilhão. Para assegurar o negócio, ele foi obrigado a desistir da cidadania australiana e se tornar cidadão americano. Assim cumpriria as leis da Comissão Federal de Comunicação que impediam estrangeiros de possuir estações de televisão nos EUA.

A compra das estações da Metromedia foi considerada, por alguns especialistas, a criação do primeiro império de mídia global, uma vez que representou, para Murdoch, a posse de televisões em três continentes. O negócio levou à especulação de que Murdoch — juntamente com Barry Diller, veterano executivo de Hollywood que ingressou na Fox em 1984 para comandar a programação do estúdio de televisão — poderia usar a combinação do estúdio Fox com as estações de televisão locais para lançar uma quarta rede que concorresse com as bem-estabelecidas ABC, CBS e NBC.

Era uma ideia incrivelmente arrojada, e Murdoch e Diller confirmariam apenas alguns meses depois que esse era o plano deles. Antes disso, porém, alguns rivais na mídia imaginaram que Murdoch pagara caro demais pelas estações da Metromedia. Em retrospecto, tais comentários são divertidos se você considerar o tamanho do boom financeiro que a Fox representou para a News Corp.

Ao longo das décadas seguintes, Murdoch continuaria a desembolsar gordas quantias por outras empresas de mídia. E, apesar de seus inúmeros sucessos, os céticos continuariam a questionar se ele pagava demais por elas. Portanto, é interessante lembrar quantos especialistas acharam que Murdoch estava fora de si ao gastar o que gastou para comprar as estações da Metromedia.

"É um negócio muito caro", disse ao *Washington Post*, em maio de 1985, um executivo de mídia que pediu para não ser identificado. "É difícil encontrar qualquer número no mundo que justifique o negócio. O tamanho do negócio certamente presume que foi pago um prêmio bastante significativo — implicitamente pelo potencial e explicitamente pelo fluxo de dinheiro. O potencial é principalmente a chance de montar uma quarta rede, o que é uma boa ideia no papel, mas Murdoch teria que firmar um compromisso adicional significativo que exigiria muito mais gastos deficitários. É uma aquisição defensável por motivos estratégicos, mas economicamente... não importam os números usados, você não consegue entender como essa coisa toda está ligada."[2]

Um executivo de televisão que também falou ao *Washington Post* sob a condição de anonimato, zombou taxativamente do preço de US$ 1,5 bilhão pelo fato de Murdoch estar comprando apenas um punhado de estações, enquanto a Capital Cities pagava US$ 3,5 bilhões para adquirir uma rede inteira na ABC.

"Murdoch pagou dois terços do que a Capital Cities por uma rede já estabelecida", disse o executivo de televisão. "Pela minha estimativa, provavelmente fez um mau negócio." O executivo ainda acrescentou que "Murdoch é o cara que está administrando o *New York Post* com uma perda de US$ 10 milhões ao ano, só por querer ter um jornal em Nova York".[3]

Não é de surpreender que Murdoch não tenha se importado com as críticas e tenha defendido o preço da compra, pois o negócio lhe deu estações em três dos maiores mercados dos EUA: Nova York, Chicago e Los Angeles.

"Considerando os mercados, não acho o preço alto de jeito nenhum. Simplesmente tinha de haver uma recompensa. Mas lembre que conseguimos alguns dos maiores mercados do mundo de uma só vez", disse Murdoch em entrevista ao *Washington Post*.[4]

O risco de Murdoch com as estações da Metromedia logo aumentaria, levantando ainda mais dúvidas sobre se a News Corp. estava hipotecando seu futuro numa busca quixotesca, na tentativa de fazer algo que ninguém nos Estados Unidos considerava uma ideia inteligente. Parecia que Murdoch tentava se aproximar das redes de televisão, exigindo que lhe servissem uma fatia inteira da lucrativa torta da renda com anúncios na televisão em vez de se contentar apenas com migalhas vindas dos gigantes estabelecidos.

A parceria de Murdoch com Davis terminou logo depois de os dois concordarem em comprar as estações da Metromedia, o que significou que a News Corp. estava pronta para pagar todo o preço de US$ 1,5 bilhão. E mais: Murdoch concluiu a aquisição da Fox em setembro de 1985, concordando em comprar a participação de 50% da TCF de Davis por US$ 325 milhões. O fim da relação com Davis não deveria ser uma grande surpresa, uma vez que Murdoch não é alguém que se contenta em ser um mero coproprietário num empreendimento conjunto. Se não pode ter tudo, no mínimo ele quer uma participação majoritária. Com Davis fora de cena, as recompensas da Fox e da Metromedia estavam prontas para serem colhidas por Murdoch. Mas com isso ele precisou assumir uma parte muito maior da potencial perda financeira.

Concluída a compra da TCF, Murdoch havia comprometido — no período de apenas seis meses — US$ 2,075 bilhões para adquirir a Fox e meia dúzia de estações locais de televisão. Como ele ainda precisava anunciar a estreia da rede de televisão Fox, analistas intrigados imaginaram onde aquele jogo terminaria. Muitos questionaram se realmente valia a pena gastar mais de US$ 2 bilhões apenas para que Murdoch pudesse se gabar de ser um verdadeiro barão da mídia global. Ou será que haveria um plano para tirar vantagem de sua recém-adquirida influência em Hollywood? A indústria só teria de esperar mais algumas semanas pela resposta.

Em 9 de outubro de 1985, Murdoch mudou para sempre o cenário da televisão e da mídia nos Estados Unidos quando a News Corp. anunciou formalmente seus planos de usar as estações de televisão da Metromedia como base para lançar a quarta rede de televisão dos Estados Unidos. A Fox Broadcasting Company, como ficaria conhecida, seria liderada por Diller, que Murdoch promoveu a presidente e CEO da TCF, dando-lhe controle sobre os estúdios de televisão e cinema, bem como sobre as seis TVs locais que a News Corp. comprava da Metromedia.

Murdoch pouco teve a dizer sobre o lançamento no dia do anúncio, mas desde que abocanhara a fatia inicial de 50% da Fox, dava pistas de que queria lançar uma quarta rede. Ao descrever seu motivo para apostar em televisão e cinema numa entrevista à revista *Folio* no início de 1985, porém, Murdoch disse que aquele era o momento certo para reagir rapidamente à mudança nos negócios de mídia. Em outras palavras, em vez de passar tempo demais olhando as peças no tabuleiro de xadrez da mídia e analisando atentamente o resultado de cada decisão a longo prazo, Murdoch julgou necessária uma ação rápida e decisiva.

"Muitos alegam ter planos para dez, cinco anos, ou algo assim. Mas, basicamente, os negócios mais bem-sucedidos são oportunistas, e você aproveita as oportunidades quando elas aparecem", disse Murdoch na entrevista à *Folio*.[5]

Murdoch continuaria a viver de acordo com essas palavras enquanto faria cada vez mais aquisições nos anos e décadas seguintes. Às vezes, essa necessidade impulsiva de fazer algo prejudica a News Corp. e seus acionistas. Com maior frequência, porém, a tendência de Murdoch a agir sem hesitação tem servido bem a ele e a seus investidores, como a aquisição da Fox demonstrou claramente.

Ainda assim, na época, e para dizer de maneira delicada, a reação da indústria ao anúncio da rede de televisão Fox foi tépida. O *Chicago Sun--Times*, que em outubro de 1985 ainda pertencia à News Corp., observou, numa reportagem sobre o lançamento, que "a ideia de uma quarta rede parecia antes uma abstração tão grande que frequentemente, quando esse termo é usado, repórteres da mídia o põem entre aspas, como que para explicar que um concorrente da NBC, da ABC e da CBS provavelmente não se pareceria com uma rede nos moldes como os telespectadores entendem o conceito".[6]

Uma reportagem no *Los Angeles Times* sugeriu que a mudança acontecia num momento curioso, uma vez que o percentual de telespectadores que assistiam às grandes redes diminuíra na década anterior.

"Dez anos atrás, as grandes redes — ABC, CBS e NBC — disputavam 91% dos telespectadores. Agora esse índice é de 77% e está caindo. Os telespectadores trocaram as produções comerciais pelos vídeos caseiros e por fontes de entretenimento — videocassetes e gravadores — ou optaram por receptores de satélite", de acordo com uma reportagem do *Los Angeles Times*.[7] A reportagem prosseguia afirmando que Murdoch tinha uma boa chance de ter "algum sucesso" com a propriedade da Fox e da Metromedia no mercado internacional, uma vez que a compra da Fox e das estações da Metromedia lhe dava direitos internacionais a vários programas de TV de sucesso na época.

Mas vários analistas foram abertamente céticos quanto às chances de a rede sobreviver, que dirá prosperar no cenário televisivo. "Vai demorar muito para a Fox Network se tornar um sucesso. Provavelmente isso será medido em décadas, não em anos", disse Tony Hoffman, analista de mídia independente com sede em Nova York, em reportagem da Associated Press em outubro de 1985.[8]

As dúvidas foram alimentadas pelo mistério que cercava a rede. Quando Murdoch anunciou oficialmente a criação da rede de televisão Fox, poucas pessoas tinham ideia do tipo de programação que seria exibido. Os únicos programas de televisão produzidos pelo estúdio da Fox na época do lançamento eram exibidos em outras redes — *Trapper John*, herdeiro de M.A.S.H., estava no ar na CBS, assim como *Charlie & Co.*, uma série cômica de vida curta descrita como a resposta da CBS a *The Cosby Show*, sucesso da NBC, enquanto a série cômica *Mr. Belvedere* e a série de ação de Lee Majors, *Duro na queda*, eram exibidas na ABC. O estúdio alegou ter outros programas em desenvolvimento, mas que muitos deles provavelmente também seriam vendidos para outras redes e não seriam vistos na Fox.

"Vai ser um caminho difícil. A Fox não tem atualmente uma programação do calibre de *Dallas* ou *Dinastia*", afirmou Harold "Hal" Vogel, analista do Merrill Lynch, em outubro de 1985, referindo-se a duas séries de grande audiência exibidas em horário nobre, em meados dos anos 1980, na CBS e na ABC, respectivamente.[9] Vogel dirige hoje sua própria empresa de investimentos em Nova York.

O que muitas pessoas do mundo da mídia aparentemente deixaram de considerar foi que Murdoch não iria simplesmente imitar o que ABC, CBS e NBC faziam. Em vez de ser uma rede "eu também", a Fox era muitas vezes inovadora em suas opções de programas, embora muitos deles — assim como muitas manchetes e reportagens de seus tabloides — ofendessem a sensibilidade de telespectadores mais intelectualizados.

"Nós da Fox estamos profundamente envolvidos no trabalho de projetar e dar forma a programas originais, os quais não terão qualquer limite externo. As únicas regras que vamos impor a esses programas são de que eles têm que ter sabor, têm que ser atraentes, têm que entreter e ser originais", disse Murdoch sobre a Fox em janeiro de 1986.[10]

Assim como fazia com seus jornais, mais uma vez Murdoch exigia que uma propriedade da News Corp. corresse grandes riscos em nome da "originalidade". Murdoch não se contentaria em lançar uma nova rede que simplesmente imitasse as outras. Assim como faz frequentemente com novos empreendimentos, ele queria criar algo que seus concorrentes algum dia tentariam imitar.

Quando a rede estreou oficialmente, em outubro de 1986, Murdoch havia feito acordos com muitas outras estações independentes de televisão locais afiliadas nos Estados Unidos. Assim, em vez de comandar apenas as seis estações da Metromedia que a News Corp. havia adquirido, a Fox estava imediatamente disponível em 96 estações, alcançando aproximadamente 80% do total de lares do país — distribuição que a tornou o mais legítimo desafiante à ABC, CBS e NBC, e não apenas uma mera "rede iniciante", como algumas pessoas do meio televisivo afirmavam, de maneira debochada.

Ainda assim, demorou vários anos (mas não décadas) para a Fox se tornar uma alternativa legítima às "Três Grandes" redes de TV americanas. Seu primeiro programa nacional, um *talk-show* com a comediante Joan Rivers, foi um fracasso. E a rede correu o risco calculado de lançar lentamente sua programação em horário nobre, começando em abril de 1987 com programas originais somente nas noites de domingo. Rapidamente esses programas atraíram a atenção do público. Um deles era *Um amor de família*, uma série cômica grosseira, cujo personagem Al Bundy tornou-se um nome familiar, como uma espécie de versão anos 1980 de Archie Bunker. O programa ficou no ar até 1997 e ainda hoje recebe amplamente o crédito por ter posto a Fox no mapa cultural dos Estados Unidos.

Um outro programa, que se autointitulava de variedades, estrelado pela atriz e musicista britânica Tracey Ulman, não chegou a ser um sucesso, sobrevivendo apenas até 1990. Mas um de seus segmentos, um desenho animado tosco sobre uma família perturbada chamada Simpson, tornou-se um fenômeno da cultura popular. O programa de meia hora *Os Simpsons* estreou na Fox em 1989 e está no ar até hoje, o que o torna tanto o desenho animado veiculado há mais tempo quanto a série cômica de maior duração na história da televisão. O desenho também deu origem a um filme de muito sucesso para a Fox. *Os Simpsons — o filme* chegou aos cinemas em julho de 2007 e, de acordo com dados da Box Office Mojo, empresa independente que pesquisa a indústria de cinema, faturou mais de US$ 180 milhões nos Estados Unidos e obteve uma bilheteria global de mais de US$ 525 milhões.

Graças à agitação criada por *Um amor de família* e *Os Simpsons*, a Fox lançou grande quantidade de outros sucessos televisivos nos anos 1990, muitos dos quais voltados para os telespectadores mais cobiçados pelos anunciantes, incluindo o programa de esquetes cômicos *In Living Color*, série que lançou as carreiras de Jim Carrey e Jamie Foxx; as novelas do horário nobre *Barrados no baile, Melrose Place* e *O quinteto*; e a cultuada série de ficção científica *Arquivo X*. Em 1993, a Fox exibia programas em horário nobre sete noites por semana, mas ainda não fazia um sucesso arrebatador. Isso mudaria depois de a rede oferecer — e conseguir — um contrato lucrativo para a televisão com a Liga Nacional de Futebol Americano, líder dos esportes profissionais nos Estados Unidos.

Murdoch conhecia de antemão a importância do esporte para uma rede de TV, tendo testemunhado o efeito do futebol profissional sobre a audiência da BSkyB e outras redes em toda a Grã-Bretanha e no resto da Europa. Por isso, fez sua primeira oferta por uma pequena parte do contrato com a NFL (Liga Nacional de Futebol Americano, na sigla em inglês) em 1987, logo depois de a rede ser lançada. Murdoch esperava conseguir a licença para exibir o *Monday Night Football*, que a ABC exibia desde seus primórdios, em 1970, mas a NFL rejeitou o contrato com a Fox, uma vez que a rede ainda estava engatinhando. Em 1993, porém, embora ainda fosse novata, a Fox já não era considerada um grande risco para a NFL.

A Fox ofereceu quase US$ 1,6 bilhão pelos direitos de exibir jogos da Conferência Nacional de Futebol Americano (NFC), da NFL, pelo prazo de quatro anos — uma oferta impressionantemente alta, que provocou as habituais reclamações de que Murdoch oferecia dinheiro demais para conseguir o que queria. Apesar da generosidade do contrato, alguns observadores de mídia acharam que a NFL preferiria ficar com a CBS, sua parceira de longa data, que exibia os jogos da NFL desde meados dos anos 1950. Mas, aparentemente, a CBS não alcançou o nível da proposta, e a NFL surpreendeu o mundo da televisão e dos esportes ao aceitar a oferta da Fox, que passou a exibir o futebol americano da NFC no outono de 1994 e ainda é uma das parceiras de transmissão cruciais da liga esportiva, tendo estendido o acordo com a NFL várias vezes desde 1993.

A Fox agiu rapidamente para contratar a maioria das personalidades que estavam no ar na CBS. Para os fãs leais do futebol americano, foi um sinal de que a rede não queria mudar drasticamente a cobertura de seu querido esporte. Mas o que realmente fez do acordo com a NFL um grande golpe de Murdoch e da News Corp. foi o fato de o contrato permitir aumentar ainda mais a distribuição da Fox. Com a promessa de cobertura da NFL, a News Corp. comprou uma participação minoritária da New World Communications, proprietária de estações de televisão locais que possuía muitas estações afiliadas da CBS. Para assegurar que ainda poderiam exibir futebol americano, muitas das estações da New World trocaram a CBS pela Fox.

Desse modo, a Fox cumpriu dois objetivos-chave. A mudança não só permitiu à rede entrar em vários mercados novos, mas também, e talvez mais importante, deu à Fox acesso a estações do mais desejável sistema VHF, canais entre os números 2 e 13 no painel da televisão. Os canais de números baixos eram mais cobiçados por serem de fácil acesso. Em seus primeiros anos de existência, a Fox ia ao ar em canais UHF — menos assistidos — em virtude de acordos que fez com muitas afiliadas locais independentes ao ser lançada.

O acordo com a NFL deu legitimidade à Fox e possibilitou à rede outros lucrativos contratos para transmissão de esportes, como os direitos para exibir a World Series da liga americana profissional de beisebol, a Bowl Championship Series do futebol americano universitário, o Daytona 500 da Nascar e outros eventos com a marca Nascar. A NFL também deu à Fox uma plataforma para promover seus programas, usada para lançar outros sucessos no fim dos anos 1990, como *Ally McBeal* e *That '70s Show*. No início do século XXI, porém, a rede teve problemas. Com muitos de seus sucessos anteriores mostrando sinais de cansaço, a Fox mudou a tática e teve um início precoce na onda dos *reality shows* que hoje dominam a televisão. No entanto, muitos dos programas que lançou eram de qualidade muito baixa. Os títulos — sem falar no conteúdo — eram perfeitos para gozações: *When Animals Attack* [Quando os animais atacam], *Quem quer se casar com um multimilionário* e *Ilha da tentação*, para citar alguns.

Será que a empresa com raízes no lendário estúdio 20th Century Fox estaria condenada a uma lenta e dolorosa decadência rumo ao ostracismo cultural, agora que o século XX havia acabado? É desnecessário dizer que não era este o caso. Em 2000, com a aquisição da Chris-Craft Industries, proprietária de estações de televisão, a News Corp. acrescentou ainda mais afiliadas à rede Fox. E, em grande parte graças a *American Idol,* um concurso de cantores importado da Grã-Bretanha que estreou na Fox em 2000, a rede não apenas renasceu, mas também começou a registrar suas maiores audiências.

Além de *Idol* e das boas audiências geradas pela contínua cobertura da NFL, a Fox lançou vários outros novos sucessos em meados dos anos 2000, incluindo a série *House*, que mistura investigação com medicina, e a série de suspense e ação *24 horas*. Em fevereiro de 2004, a Fox venceu seu primeiro *sweeps month*, um período-chave usado por redes de TV e profissionais de marketing para estabelecer os preços de anúncios para a temporada seguinte. A rede foi em frente e venceu a batalha pela audiência de telespectadores de 18 a 49 anos durante toda a temporada 2004-2005, repetindo essa vitória nas duas temporadas seguintes.

A Fox também venceu a corrida pela audiência 2007-2008. Na verdade, no início de março de 2008, foi a única rede que elevou o número de telespectadores para a temporada. Um feito significativo, considerando que muitos telespectadores abandonaram a programação de horário nobre em virtude da greve do Writers Guild of America (Sindicato dos Roteiristas de Cinema e Televisão nos EUA), que se estendeu do final de 2007 ao início de 2008. A paralisação deixou a maioria das redes sem episódios inéditos de muitos grandes sucessos em novembro de 2007.

Isso não quer dizer que a Fox não tenha dado passos equivocados durante sua ascensão ao topo da audiência. Enquanto a Fox desfrutava seus maiores sucessos, a News Corp. decidiu lançar mais uma rede nacional, chamada MyNetworkTV, na esperança de transformá-la em outra Fox. Ainda não está claro se a rede — lançada aparentemente por capricho, como uma rápida resposta a uma mudança nas concorrentes — algum dia representará algo mais do que uma constante perda de dinheiro para a Fox e a News Corp.

Em fevereiro de 2006, a News Corp. proclamou ousadamente que estava lançando a MyNetworkTV, um canal que exibiria, em horário nobre, telenovelas que teriam como modelo as mundialmente populares novelas latino-americanas. Mas a MyNetworkTV não era uma rede cuidadosamente desenvolvida durante anos. Era simplesmente uma maneira de Murdoch ter alguns programas em horário nobre para um punhado de estações de televisão locais não afiliadas da Fox, que estavam prestes a enfrentar um difícil despertar.

Várias estações da News Corp. eram afiliadas de outra rede, chamada UPN. Rede esta que estava prestes a ser substituída por uma nova, o que deixaria as suas ex-filiadas com um enorme vazio na programação.

No rastro do sucesso da Fox em meados dos anos 1990, a CBS e a Time Warner lançaram suas próprias redes voltadas para jovens. A da CBS recebeu o nome de UPN; e a da Timer Warner, WB. Embora cada uma tivesse alguns sucessos, ambas lutavam para sobreviver, e nenhuma delas era considerada um legítimo número cinco para as Quatro Grandes da televisão — incluindo agora a Fox. Assim, numa manobra que surpreendeu muita gente na indústria, CBS e Time Warner decidiram fundir a UPN e a WB, criando uma nova rede, a CW, que seria lançada em setembro de 2006, com alguns programas da UPN e outros da WB.

Isso foi um problema para Murdoch, já que a News Corp. tinha dez estações de televisão afiliadas da UPN — e essas estações não transmitiriam a nova CW quando esta fosse lançada. "A natureza e a TV abominam o vácuo, e um vácuo foi rapidamente criado com a fusão que gerou a CW", disse, na época do anúncio da MyNetworkTV, John Rash, vice-presidente e diretor de negociações de transmissão da Campbell Mithun, empresa de compra de mídia com sede em Minneapolis.[11]

A decisão de emendar planos às pressas para criar uma nova rede foi uma decisão clássica de Murdoch. Mas, sem um plano concreto para atrair telespectadores, a rede enfrentou uma difícil batalha, apesar de dispor do que Rash considerou um grande benefício: o fato de "as pessoas por trás disso [da MyNetworkTV] serem muito bem-sucedidas em quase todos os gêneros da TV". A seu favor, a Fox convenceu inúmeros proprietários de estações afiliadas de que eles deveriam assinar contrato com a MyNetworkTV, já que ficariam de fora depois do lançamento da CW. No momento em que foi lançada, a MyNetworkTV tinha acordos para transmitir para estações que cobriam 96% de todos os lares disponíveis no país. Portanto, distribuição não seria problema.

Murdoch e a Fox, entretanto, calcularam mal o interesse dos americanos por novelas noturnas. A estratégia da MyNetworkTV — e desafio para os telespectadores — consistia em programas que iriam ao ar cinco noites por semana, e histórias que se resolveriam em ciclos de 13 semanas, exigindo muito tempo e atenção dos telespectadores. Os americanos estavam acostumados a ver seus programas favoritos uma vez por semana — ou talvez duas, no caso de programas de sucesso como *American Idol*. Portanto, o que funcionava bem no México e na América do Sul não deu certo nos Estados Unidos. E não ajudou o fato de os elencos das duas primeiras telenovelas, *Desire* e *Fashion House*, serem formados em grande parte por atores e atrizes desconhecidos.

O nome da rede também foi motivo de discussão. O que significava MyNetworkTV? Uma tentativa de pegar carona no sucesso do MySpace? As estações específicas se referiam a si próprias como "My", palavra seguida do número de seu canal. Por exemplo, a WWOR, de Nova York, pertencente à News Corp., e que transmitia para o Canal 9, passou a ser chamada de "My9".

Em seguida, as telenovelas estrearam com audiências anêmicas e, no início de 2007, o novo presidente da rede anunciou que a MyNetworkTV as limitaria a apenas dois dias da semana e transmitiria mais programas de esportes radicais e *reality shows*. Mas isso não ajudou a melhorar a audiência. No outono de 2007, a MyNetworkTV abandonou completamente o formato das telenovelas e acrescentou programas com nomes que soavam como refugos da Fox na época em que seus *reality shows* haviam chegado ao nível mais baixo alguns anos antes, tais como *Celebrity Exposé* e *Whacked Out Videos*.

Durante uma teleconferência da News Corp. sobre ganhos, em fevereiro de 2007, Peter Chernin admitiu que a MyNetworkTV era grande motivo de angústia para a Fox, mas manifestou esperança de que a sorte da rede mudaria. "A MyNetworkTV não está indo como planejamos. Sempre há ajustes e sobressaltos quando você lança qualquer rede", disse Chernin. "Mas, nos próximos meses, implementaremos novas mudanças na programação da MyNetworkTV para reduzir custos e esperamos obter maiores audiências. Obviamente cometemos erros, mas estou confiante de que o pior passou. Teremos programas melhores, mais baratos e mais simpáticos para os anunciantes."

Um ano após esses comentários, porém, a MyNetworkTV ainda era um trabalho em curso. Apesar da forte ênfase em *reality shows*, a rede não se beneficiou significativamente da greve dos roteiristas. Entretanto, Dave DeVoe, chefe financeiro da News Corp., disse durante a teleconferência sobre ganhos da News Corp. de fevereiro de 2008 que estava animado com o fato de a MyNetworkTV relatar perdas menores. E a rede ainda estava testando uma nova programação. Na primavera de 2008 adotou o formato de comédia num programa estrelado por Flavor Flav, um rapper transformado em astro de *reality show*, e no outono do mesmo ano assinou um acordo para transmitir o programa *WWE SmackDown!*, da World Wrestling Entertainment, e que pertencera à CW.

Se a MyNetworkTV for eliminada, o que não está fora do reino das possibilidades, será o caso mais raro da carreira de Murdoch, um passo estratégico completamente equivocado. Não seria o primeiro, porém. Na verdade, um dos outros erros crassos de estratégia envolveu a Fox. No fim dos anos 1990, numa manobra que acabou como um tiro pela culatra, Murdoch, sob pressão de acionistas para elevar o preço das ações da News Corp., cometeu o erro de vender uma fatia de 20% da Fox ao público como um estoque de ações comercializado separadamente sob o nome de Fox Entertainment Group. Teoricamente, a atitude de separar a Fox dos bens mais maçantes da News Corp. — os jornais e a editora HarperCollins — tinha o objetivo de destacar perspectivas de crescimento mais atraentes na televisão e no estúdio de cinema da Fox, bem como nas novas redes de TV a cabo surgidas em meados dos anos 1990.

Porém, logo após a venda, e durante muito tempo, as ações da Fox tiveram um desempenho ruim em relação ao estoque da News Corp. E embora algumas pessoas tenham visto a separação que criou outro estoque para a Fox como algo que tornaria a News Corp. uma empresa mais fácil de entender e valorizar, aconteceu o oposto. Em 2005, a News Corp. se cansou de separar os estoques e, em janeiro, anunciou estar disposta a comprar a fatia da Fox que já não possuía. Porém, a oferta original foi considerada baixa demais por alguns acionistas da Fox, de modo que forçou a News Corp. a aumentar a quantidade de ações da News Corp. oferecidas em troca das ações da Fox, em março de 2005. A facilitação do negócio permitiu à News Corp. concluir a compra de todas as ações da Fox em circulação ainda naquele mês. Em seu discurso anual aos acionistas, em outubro de 2005, Murdoch argumentou que a decisão foi tomada para devolver por completo a Fox à News Corp., uma vez que isso acabaria "simplificando nossa estrutura corporativa e dando-nos pleno acesso aos ganhos crescentes das operações da Fox".[12]

A má recepção à venda de parte da Fox aparentemente não é algo que Murdoch tenha esquecido. Nos últimos anos, desde que a empresa aumentou sua presença na mídia on-line por meio de uma série de aquisições, alguns analistas têm perguntado a Murdoch se um dia ele consideraria vender uma parte da Fox Interactive Media — divisão da News Corp. dona da rede de relacionamento MySpace, de rápido crescimento — para obter um maior valor para a divisão no mercado. O argumento desses analistas — que soa suspeitamente parecido com as propostas para vender parte da Fox anos antes — é de que o MySpace e outros bens da Fox Interactive Media trariam um lucro maior aos investidores se ficassem livres das restrições de negócios de menor crescimento da News Corp., como os jornais e a editora.

Embora os analistas de Wall Street possam ter uma memória incrivelmente curta, este não é o caso de Murdoch. Ele está resistindo aos clamores para vender parte do MySpace precisamente em virtude do fiasco da Fox. Falando na conferência de mídia do Goldman Sachs em setembro de 2006, Murdoch rejeitou a ideia de vender parte da Fox Interactive Media, ou de qualquer outra divisão. "Tentamos isso com a Fox e não funcionou", disse ele.[13]

Portanto, Murdoch se lembra claramente de seus erros. Mas também de seus sucessos, e não se furta a lembrá-los a seus rivais. Ao longo dos anos, gabou-se inúmeras vezes de como a News Corp. desafiou as chances e nadou contra a corrente ao decidir criar a Fox. Ele parece sentir grande satisfação — se não completo júbilo — ao advertir seus críticos do quanto estavam errados.

Durante testemunho à Comissão da Câmara para o Judiciário, numa audiência em 2003 sobre a proposta da News Corp. de comprar uma parte da DirecTV, empresa americana de televisão por satélite, Murdoch disse várias vezes que a Fox não era apenas um sucesso comercial para sua empresa, mas um benefício para os telespectadores americanos.

"Nossa empresa tem uma história de desafiar a mídia estabelecida — e frequentemente estagnada — com novos produtos e serviços para os telespectadores no mundo. Talvez nosso primeiro e mais conhecido esforço para oferecer novas opções aos consumidores na arena televisiva tenha sido o estabelecimento da rede Fox, em 1986. A Fox trouxe necessária concorrência às 'Três Grandes' redes de TV num momento em que a sabedoria convencional dizia que isso não poderia ser feito", disse Murdoch.[14]

Dois anos depois, em seu discurso à Sociedade Americana de Editores de Jornais, Murdoch novamente tocou no assunto, gabando-se mais uma vez da maneira como a Fox havia mudado a indústria televisiva.

"Na News Corporation, temos uma história de desafiar ortodoxias da mídia. Há quase vinte anos, criamos uma quarta rede de televisão. O que estava por trás dessa criação era um questionamento fundamental sobre o modo como as pessoas recebiam seu entretenimento noturno até aquele momento. Não fomos intimidados pelo paradigma de notícias às seis, horário nobre às oito e notícias novamente às onze. Não fomos constrangidos pela crença de que o entretenimento precisava se adequar a uma audiência específica ou refletir certa mentalidade. Em vez disso, reduzimos para duas horas o bloco do horário nobre, aumentamos as notícias em uma hora e programamos a rede para uma audiência mais jovem. O resultado foi a Fox Broadcast Network, hoje a rede número 1 dos Estados Unidos para pessoas de 18 a 49 anos", disse Murdoch em abril de 2005.[15]

Portanto, concorrentes e outras pessoas da indústria podem ter subestimado a necessidade quase compulsiva de Murdoch de mostrar repetidamente a seus críticos que eles estavam errados. E mais do que qualquer outra coisa, o sucesso da Fox também evidenciou um lado de Murdoch que muitos rivais provavelmente desconheciam: o que não se importa em deixar outra pessoa assumir a liderança.

Murdoch confiou em Barry Diller — amplamente reconhecido como uma das mentes de programação mais criativas da indústria — para propor um plano que tornasse a Fox algo único. Murdoch delegaria autoridade de maneira semelhante a Peter Chernin, que comandou as operações da televisão e, mais tarde, do estúdio de cinema. Hoje Chernin é o segundo no comando da News Corp. A disposição de Murdoch para delegar poder também foi demonstrada no caso de Roger Ailes, que ele fisgou da CNBC em 1996 para lançar o Fox News Channel. E Murdoch também agiria relativamente sem maiores intervenções no site de relacionamento MySpace, permitindo ao cofundador do site, Chris DeWolfe, continuar a chefiá-lo e desempenhar um papel ativo nas mudanças estratégicas do site.

Murdoch não recebe crédito o bastante por sua disposição para se afastar e deixar que outros assumam responsabilidades quando ele não é a voz da autoridade. Isso certamente não significa que Murdoch senta-se passivamente nem que ele não seja o juiz quando se trata de decisões sobre a Fox, os canais a cabo e a internet. Mas ele parece perceber que a única maneira de construir um negócio de sucesso é afrouxar as rédeas e não ser alguém que controla tudo nos mínimos detalhes.

Muitos antigos e atuais editores de jornais de Murdoch provavelmente discordariam dessa caracterização de seu chefe, e não estariam errados. Mas há uma diferença significativa no modo como Murdoch interage com administradores de negócios externos à sua zona de conforto, ou seja, fora do negócio de jornais. A demonização de Murdoch na grande imprensa pode ser extrema, sendo que grande parte dessa cobertura negativa decorre da inveja de sua sorte e poder, do desdém por suas crenças políticas, ou, em muitos casos, de uma potente combinação das duas coisas. Mas está claro que a News Corp. não seria e não poderia ser tão bem-sucedida quanto é se Murdoch comandasse o império com absoluto poder autocrático. Em algum momento, ele aprendeu a ouvir seus assessores e percebeu que outras pessoas possuíam forças que talvez faltassem a ele. E isso parece ter começado com Diller e a Fox.

O fato de Murdoch e Diller coexistirem por tanto tempo é sinal de que Murdoch pode tolerar outros executivos obstinados em sua organização, contanto que obtenham bons resultados para a empresa.

"Ele é duro com pessoas que não apresentam um desempenho de acordo com o padrão que ele julga necessário", diz Richard Dorfman, da empresa de investimentos Richard Alan. "Mas quando coloca as pessoas no lugar certo, não fica mudando as peças de lugar aleatoriamente. Não acho justo dizer que ele é um cara difícil de se trabalhar."[16]

Ainda assim, muitos observadores da mídia imaginaram abertamente se Murdoch se apoiaria em Diller depois de comprar a Fox em 1985. Mas Diller, que antes de ingressar na Fox comandava a Paramount Pictures — na época pertencente à Gulf & Western — era amplamente considerado o responsável por supervisionar o desenvolvimento de vários grandes sucessos daquele estúdio nos anos 1980, inclusive *Os caçadores da arca perdida*, *Gente como a gente*, *48 horas*, *Flashdance*, *Laços de ternura* e *Um tira da pesada*. Diller claramente tinha o conhecimento e a experiência em Hollywood que faltavam a Murdoch, que até aquele estágio de sua carreira ainda era conhecido sobretudo como um magnata da imprensa.

Diller enfim deixou a Fox em 1992 para comprar uma parte da QVC, rede de vendas em domicílio, um investimento que representaria a base de seu próprio império de mídia, o IAC, um extenso conglomerado on-line. Em entrevista ao jornal britânico *The Guardian* em 2006, Diller disse ter um ótimo relacionamento profissional com Murdoch, apesar da fama de Murdoch de executivo intrometido. Ele brincou dizendo que não sabia quanto tempo mais teria conseguido ficar na Fox sem entrar em choque com Murdoch, mas afirmou que durante o período em que lá permaneceu, os dois só tiveram duas desavenças, sobre as quais não falaria.

"Das pessoas que conheci, ele é o que mais corre riscos. Haveria uma briga se eu tivesse ficado, mas tivemos oito anos fantásticos", disse Diller.[17]

Não é surpresa o fato de Diller citar a atitude de Murdoch de correr riscos como um elogio e um sinal de respeito, considerando que ele próprio correu muitos riscos ao construir o IAC — e a maioria deles não teve resultados tão bons quanto os negócios de Murdoch. E de algum modo é irônico o fato de Diller ter precisado lutar pelo controle do IAC com o investidor de mídia John Malone, que quase ganhou o controle da News Corp. no fim dos anos 1990, depois de uma luta com Murdoch. Mas o comentário ilustra perfeitamente a natureza de Murdoch. Ele nunca parece satisfeito em jogar com segurança. E em meados dos anos 1990, com a rede de televisão Fox já não sendo desdenhosamente citada como "a quarta rede", era hora de Murdoch assumir seu próximo grande risco. Ele estava prestes a se aventurar no mundo ainda mais fragmentado da televisão a cabo e, nesse processo, tentaria provar a uma indústria incrédula que havia espaço na televisão para mais de uma rede de notícias 24 horas. Murdoch já havia humilhado a ABC, a CBS e a NBC. Agora, era hora de tentar e fazer o mesmo com a CNN e seu enigmático proprietário, Ted Turner. Murdoch e Turner frequentemente entram em choque em virtude de suas diferenças políticas. Mas algumas pessoas argumentariam que os dois não se dão bem simplesmente porque têm personalidades muito parecidas.

3. Fisgado pela TV a cabo

Em 1996, Murdoch embarcou em seu próximo desafio: convencer o mundo da mídia de que não só havia espaço para outro canal de notícias a cabo 24 horas, além da CNN, como também de que isso era necessário. Bill Clinton logo seria eleito para um segundo mandato como presidente, em novembro daquele ano, e Murdoch notava uma crescente insatisfação entre os conservadores. Diante disso, achou que eles podiam ser mais bem servidos caso tivessem uma rede que valorizasse seus pontos de vista. Afinal de contas, muitos programas de rádio com apresentadores conservadores tinham ótimas audiências.

A percepção era de que a CNN tinha uma tendência de esquerda, o que se perpetuava pelo fato de Turner, seu fundador, ser descaradamente liberal. Murdoch criaria seu novo canal — no qual os profissionais no ar iriam simplesmente "dar as notícias" e deixar os telespectadores "decidirem" — sob o pretexto de dar um tratamento mais "justo e equilibrado" ao noticiário. Em 1996, ele contratou Roger Ailes, da NBC Universal, que pertencia à GE, para ajudá-lo a criar o Fox News Channel. Antes de se tornar executivo da televisão, Ailes havia sido consultor político dos presidentes republicanos Ronald Reagan e George H. W. Bush e do prefeito de Nova York Rudolph Giuliani.

Mais uma vez, Murdoch planejava desafiar a sabedoria convencional. E, assim como a rede de televisão Fox, a Fox News seria outro enorme sucesso para a News Corp.

"Há dez anos, notamos que os telespectadores de notícias se sentiam alienados com a apresentação monolítica de notícias que recebiam toda noite das redes abertas ou a cabo. Percebemos que poderíamos veicular as notícias de outra maneira: com objetividade, imparcialidade e num ritmo mais rápido. E o resultado foi o Fox News Channel, hoje a rede de notícias a cabo número 1 dos Estados Unidos", disse Murdoch em seu discurso à Sociedade Americana de Editores de Jornais em abril de 2005.[1]

A importância da Fox News e de outras redes a cabo da News Corp. não pode ser subestimada. Nas últimas décadas, os telespectadores deixaram cada vez mais de sintonizar canais abertos, e as redes a cabo têm se beneficiado dessa tendência. Embora o crescimento dos gastos com propaganda na televisão aberta tenha sido lento nos últimos anos, o crescimento da venda de anúncios nas redes a cabo continuou bastante robusto. Nos primeiros nove meses de 2007, de acordo com dados da empresa de pesquisa TNS Media Intelligence, a venda de anúncios nas TVs a cabo aumentou 4,7% em relação ao mesmo período de 2006, enquanto a renda com anúncios na televisão aberta caiu 3% e nas redes locais, 4,6%. Para 2008, a TNS previu que a renda com anúncios na televisão a cabo aumentaria 5%, enquanto na televisão aberta aumentaria apenas 2,7% e nas redes locais, 1,3%.

Os proprietários de redes a cabo dependem, porém, de mais coisas além dos dólares dos anunciantes. Eles também recebem pagamentos — conhecidos como taxas de transmissão — de empresas a cabo, companhias telefônicas e operadoras de televisão por satélite pelo direito de incluir os canais em suas ofertas a clientes. E quando a rede a cabo goza de boa audiência, seus proprietários frequentemente têm a vantagem de receber maiores taxas de transmissão dos distribuidores, o que a Fox News usaria em seu benefício ao negociar novos contratos de transmissão com os grandes fornecedores de cabo em 2006 e 2007. Em suma, a TV a cabo é um modelo de negócio melhor do que a TV aberta.

É por esse motivo que praticamente todos os grandes conglomerados de mídia nos Estados Unidos — e não apenas a News Corp. — têm intensificado sua presença em TV a cabo. Além da CNN, a Time Warner possui as bem-sucedidas TNT, Turner Broadcasting System e Cartoon Network. A Viacom tem a MTV, a Nickelodeon, a BET, o Spike e o Comedy Central. A Disney possui a ESPN, que seria a joia real das redes a cabo, e ainda o Disney Channel e a ABC Family, esta última comprada da News Corp. em 1996, quando era chamada Fox Family. A NBC Universal, braço de mídia da General Electric, cuja rede NBC tem lutado para sobreviver nos últimos anos, possui o USA, o Bravo, o Syfy e a CNBC, e adquiriu a rede a cabo para mulheres Oxygen em 2007 e o Weather Channel em 2008. Todas essas redes têm sido a salvação da NBC Universal.

Quando percebeu, com a Fox News, quanto o mercado a cabo poderia ser lucrativo, Murdoch rapidamente procurou capitalizar esse sucesso e o forte nome da Fox lançando vários outros canais. A News Corp. possui a Fox Sports Net, uma rede de canais locais de esporte em mercados importantes, como Atlanta, Dallas e Los Angeles. Possui ainda o FX, canal que tem se tornado conhecido por séries ousadas que também se tornaram queridinhas da crítica, como *The Shield*, *Rescue Me*, *Nip/Tuck* e *Damages*.

Embora não represente o maior segmento de negócios da News Corp., a TV a cabo é talvez o mais importante, uma vez que tem potencial para se tornar o maior contribuinte para as vendas e lucros de toda a empresa. Nos primeiros nove meses do ano fiscal de 2008 da News Corp., o segmento a cabo foi, de longe, a divisão com crescimento mais rápido entre os principais segmentos de negócios da empresa. As vendas oriundas das redes a cabo aumentaram 29% nos três primeiros trimestres do ano fiscal. O lucro operacional aumentou quase 20%, perdendo apenas para o crescimento de 47% do lucro operacional dos negócios da televisão aberta da Fox e para o crescimento do lucro na divisão de televisão por satélite da News Corp., que triplicou. A margem operacional do segmento a cabo, de 26,5%, é a maior entre todos os negócios da News Corp.

O que torna o desempenho da divisão a cabo ainda mais impressionante é o fato de ele ter ocorrido num momento em que a News Corp. estava gastando muito para lançar duas novas redes no outono de 2007. Se a News Corp. não estivesse investindo tanto para lançar a Fox Business Network e a Big Ten Network, o lucro poderia ter sido ainda maior. A Big Ten Network é um canal dedicado a esportes ligados a faculdades e universidades da Big Ten Conference, associação de futebol americano que reúne algumas das maiores escolas do país (e milhares de ex-alunos leais e abastados), como a Universidade de Michigan, a Ohio State University e a Penn State University. A Big Ten é dona da maior parte do canal, enquanto a News Corp. tem uma participação minoritária.

Mas é a Fox News que responde pela maior parte do crescimento da divisão a cabo da rede. Embora não revele especificamente a receita e o lucro gerados pelo canal, a News Corp. declarou que nos três primeiros trimestres do ano fiscal de 2008 as vendas da Fox News aumentaram 24%, enquanto as do canal de entretenimento FX, também da empresa, aumentaram 9%, assim como as vendas das redes locais de esporte. A News Corp. atribuiu o bom resultado da Fox News à maior renda proveniente das afiliadas que transmitem o canal em seus sistemas a cabo. Isso acontecia pelo fato de o canal ter mais assinantes, o que significava que as afiliadas pagavam taxas mais elevadas para transmitir a Fox News.

A empresa disse também que a rede gerou taxas de propaganda mais elevadas graças à maior audiência. A News Corp. se gabou de que a audiência da Fox News em horário nobre foi mais de 40% superior à da CNN durante o terceiro trimestre do ano fiscal e de que a audiência numa base de 24 horas também foi mais de 40% superior à da concorrente.

Poucos poderiam ter previsto em 1996 que um dia a Fox superaria a CNN. Mesmo Murdoch foi mais cauteloso do que costumava ser. Numa entrevista coletiva no fim de janeiro daquele ano para anunciar a contratação de Ailes e o lançamento da Fox News, Murdoch admitiu que não seria fácil equiparar-se à CNN e às operações de notícias das principais redes. Afinal, a rede aberta da Fox dependia de afiliadas locais para fornecer notícias e não tinha uma substancial e dedicada divisão nacional de notícias.

"Temos um bocado de trabalho pela frente", disse Murdoch na ocasião, acrescentando que esperava que, ao avançarem, a ABC, a NBC e a CBS continuassem gastando mais do que a Fox em suas operações de notícias.[2] Ele estimou que a News Corp. gastaria inicialmente cerca de US$ 50 milhões por ano na Fox News, além de mais ou menos US$ 30 milhões antes de lançar o canal. A título de comparação, cada uma das três grandes redes gastava centenas de milhões de dólares.

Murdoch não parecia intimidado com a desvantagem financeira que a Fox News enfrentaria. É intrigante que um homem conhecido por gastar demais em aquisições e programas ao longo de sua carreira rejeitasse a ideia da importância do dinheiro quando se tratava de notícias. "Dólares não significam qualidade. Esse não é o nosso modelo", disse ele.[3]

Mas Murdoch foi realista o suficiente para perceber que levar o canal para os sistemas a cabo seria mais difícil do que lançar a rede aberta Fox. Convencer donos de estações locais independentes desesperados por conteúdo original a competir com a ABC, a CBS e a NBC em 1986 era uma coisa. Por outro lado, convencer grandes donos de sistemas a cabo de que eles deveriam ter a Fox News quando já tinham a CNN — e em alguns casos o America's Talking, um grande canal da NBC que mudaria seu nome para MSNBC — era algo completamente diferente. Portanto, Murdoch não faria nenhuma declaração ousada sobre quantos assinantes achava que a Fox News teria ao ser lançada, afirmando, numa entrevista coletiva, que qualquer número "seria apenas uma suposição".

Como era de se esperar, no início muitos observadores da mídia subestimaram as chances de sucesso da Fox News. Murdoch teria ficado surpreso se os especialistas reagissem de maneira diferente. Uma reportagem do *New York Times* sobre o lançamento da Fox News e a contratação de Ailes sugeriu que a criação da rede daria "ao senhor Ailes um brinquedo para se divertir, embora, considerando a atual situação da Fox News descrita por algumas pessoas internas, talvez seja menos um brinquedo do que um amigo imaginário".[4]

O artigo prosseguia citando um ex-executivo da Fox dizendo "Lá, não há nenhum lá", referindo-se aos esforços jornalísticos da Fox; e um funcionário da Fox News dizendo que "o que se nota na Fox News é que eles ficam anunciando coisas que nunca acontecem".[5]

A reportagem do *Atlanta Journal-Constitution*, jornal da cidade de Turner e da CNN, citava um "estudo confidencial" patrocinado por um importante fornecedor de cabo que "descobriu que os assinantes de TV a cabo estão satisfeitos com a CNN e pouco interessados em novos canais".[6]

Um comprador de mídia afirmou que talvez não houvesse dólares de propaganda suficientes para suportar mais de uma rede de notícias 24 horas e sugeriu que com a mudança do nome do America's Talking para MSNBC, simplesmente havia concorrência demais.

"É uma disputa fascinante, e alguém deve achar que os anunciantes têm muitos dólares, libras esterlinas ou liras e querem atingir uma audiência de notícias", disse Betsy Frank, vice-presidente executiva e diretora de recursos de mídia estratégicos da Zenith Media Services, à publicação de negócios *Electronic Media*, em fevereiro de 1996. "Mesmo que atraiam outras pessoas que não sejam da audiência da CNN, é preciso imaginar se estão partindo a torta em fatias menores. Pode ser que haja algumas decepções."[7]

O presidente da CBS News, Andrew Heyward, disse no mesmo artigo que deveria haver um "ceticismo saudável" em relação a novas redes de notícias a cabo, e acrescentou que elas "cheiram um pouco a alardes que não vão dar em nada".[8]

A Fox News estreou oficialmente em outubro, com uma mistura de notícias e opiniões que ainda hoje é a marca registrada do canal. Para dizer o mínimo, muitas das críticas foram cruéis.

"A CNN surgiu em 1980 em meio a preocupações em alguns círculos de que Ted Turner, na época um conservador heterodoxo, usaria sua pioneira rede de notícias 24 horas para promover suas opiniões políticas. Houve um burburinho semelhante diante da chegada do Fox News Channel (FNC), a rede 24 horas do barão da mídia Rupert Murdoch, de direita. Uma diferença: Turner não está fazendo isso; Murdoch está", escreveu Howard Rosenberg no *Los Angeles Times*.[9]

Rosenberg acrescentou que talvez a nova rede de notícias estivesse "apenas num daqueles raros dias tendenciosos" em que Murdoch e Ailes "acusam a grande mídia de, o tempo todo, beneficiar democratas e liberais". Ele sugeriu que Murdoch e Ailes "estavam, em suas mentes, simplesmente equilibrando o placar".[10]

Ele ainda considerou o slogan da rede, "Mais notícias em menos tempo", um "eufemismo para a superficialidade"; e observou que muitos da "desigual, bastante jovem e relativamente inexperiente equipe editorial" do canal "pareciam ter descido no ponto de ônibus errado".[11]

Howard Kurtz, crítico de mídia do *Washington Post*, declarou o seguinte sobre o primeiro dia da rede no ar: "As notícias da Fox, durante todo o dia, não têm nada de revolucionárias. As equipes de âncora Ken-e-Barbie fazem o trabalho convincente de transitar pelas manchetes, mas não há mais profundidade do que você veria num típico Action News."[12]*

Manuel Mendoza, do *Dallas Morning News*, declarou que "em seu primeiro dia no ar, em vez de fatos, a Fox muitas vezes se apoiou em pesquisas de opinião, em especialistas e no jornalismo de tabloide ao estilo britânico, contrariando a abordagem 'justa e equilibrada' que o presidente e CEO da Fox News, Roger Ailes, prometera. A Fox deu a notícia e decidiu." E repórteres do *Wall Street Journal* especializados em mídia escreveram que a Fox "tentou alguns truques novos para se diferenciar da arquirrival *Cable News Network*, mas na maioria das vezes foram mudanças superficiais. O canal rotula as reportagens ao vivo de 'agora', e algumas análises dos debates presidenciais foram rotuladas de 'giros' para refletir as tendências partidárias dos analistas".[13]

Houve também críticas desfavoráveis à sequência noturna de talk-shows conduzidos de maneira personalista. O jornal *The Oregonian*, de Portland, observou que Bill O'Reilly era "insolente, irreverente e muitas vezes antipático", e que a entrevista com o então diretor do conselho nacio-

---

* Formato dinâmico de notícias nos EUA. (N. do T.)

nal de combate às drogas do presidente Clinton, Barry McCaffrey, "pareceu mostrar mais o questionamento prolixo e opinado de O'Reilly do que as respostas de McCaffrey".[14] E Kurtz lamentou que no programa *Hannity & Colmes* "o combinado nível de decibéis dos dois apresentadores sufoca os convidados, que respondem tentando falar mais alto que os anfitriões".[15]

Vários críticos de mídia também reclamaram dos recursos gráficos da rede. Kurtz observou que "breves recortes e frases com informações aparecem na tela enquanto eles falam, o que poder ser EXTREMAMENTE INCÔMODO quando se tenta ouvir".[16]

Apesar das farpas dos críticos, a Fox News teve sucesso. E não foi só isso: parece que este se deveu ao maior motivo de reclamação dos críticos. Os "recortes e frases" que Kurtz achou tão incômodos acabariam sendo copiados por outras emissoras, particularmente a CNN.

Para o bem ou para o mal, é impossível sintonizar em algum jornal televisivo e não ser bombardeado por um vertiginoso letreiro que compete com outras imagens na tela, e que muitas vezes realmente lhes rouba a atenção. E os talk-shows opinativos exibidos pela Fox em horário nobre, em vez de telejornais, não apenas continuam a ser o modelo da Fox News, mas também da CNN, de sua emissora associada Headline News e da MSNBC. Em outras palavras, Murdoch acertou de novo. Não só conseguiu superar seus rivais, mas os forçou a se adaptarem ao que ele fazia para que continuassem competitivos.

E apesar das inúmeras dúvidas de veteranos da mídia de que a Fox News poderia superar a CNN — que estava 16 anos à frente e tinha o título não oficial de rainha das notícias a cabo —, parece que desde os primeiros dias Turner considerou a Fox News uma verdadeira ameaça. Turner fez várias críticas a Murdoch e a seus pontos de vista conservadores, e deve ter tomado o lançamento da Fox News como uma afronta pessoal. De maneira mais evidente, lançou um furioso ataque a Murdoch, num discurso em novembro de 1996, nada menos do que na ONU, bradando contra o que considerou a ambição de Murdoch de dominar o cenário de notícias global.

"Vocês já podem ver que há um novo grupo chegando, liderado pelo desprezível FDP Rupert Murdoch. Eles querem controlar o mundo. Querem controlar o mundo da televisão. Temos que fazer o possível para impedi-los", disse Ted Turner. Ainda acrescentou que Murdoch "quer se sentar aqui e controlar a televisão indiana na Índia; quer controlar a televisão chinesa na China. Papo furado!" Quando lhe perguntaram o que poderia ser feito, Turner respondeu: "Essa é uma batalha entre o bem e o mal." E concluiu afirmando: "Não quero mais falar sobre esse canalha desprezível."[17]

Considere que isso aconteceu apenas um mês após o lançamento da Fox News. Na época, a rede não era nem de longe o monstro de audiência que é hoje. Na verdade, lutava arduamente para conseguir até mesmo que sistemas a cabo a distribuíssem. Quando estreou, em 7 de outubro de 1996, a Fox News estava disponível apenas para 17 milhões de lares, ficando muito longe dos 66 milhões então alcançados pela CNN. A Fox News não estava disponível para assinantes de TV a cabo de Nova York nem de Los Angeles, os dois maiores mercados de televisão nos Estados Unidos. Dona da CNN, a Time Warner possuía também a maioria dos sistemas a cabo em Nova York.

Isso enfureceu Murdoch. A News Corp. chegou a recorrer à Justiça para obrigar a Time Warner a transmitir o canal, alegando que a empresa originalmente concordara em transmiti-lo em Nova York, mas voltou atrás depois de concluir a aquisição do Turner Broadcasting System, no verão de 1996. Giuliani, prefeito de Nova York na época, apoiou publicamente a News Corp., alegando que a Fox poderia deixar Nova York — o que resultaria em perda de empregos — se a rede não recebesse um lugar nos sistemas a cabo da Time Warner.

Portanto, em muitos aspectos a batalha entre a Fox News e a CNN foi pessoal e mais do que apenas uma luta entre duas grandes corporações. Foi também uma guerra entre dois egos descomunais. A aversão de Turner a Murdoch igualava-se à antipatia de Murdoch por Turner. E Murdoch ficava especialmente alegre em zombar de Turner sempre que tinha oportunidade.

Durante um jogo de beisebol da World Series, em outubro de 1996, quando o Atlanta Braves — comprado por Turner em 1976 e que também se tornou parte da Time Warner quando esta adquiriu o Turner Broadcasting System — jogava com o New York Yankees no Yankee Stadium, um avião sobrevoou o estádio exibindo repetidamente a mensagem: "Oi, Ted. Seja corajoso. Não censure o Fox News Channel."[18]

A Fox alugara o avião, e esse foi, provavelmente, o mais educado dos ataques entre Murdoch e Turner. Desde que a News Corp. anunciou seus planos de lançar a Fox News, Murdoch e Turner trocavam farpas. Turner usava sua língua afiada para atacar especificamente Murdoch, enquanto este deixava que, muitas vezes, seus veículos de notícias falassem por ele. Não que ficasse em completo silêncio quando o assunto era Turner. Logo depois de anunciar seus planos para a Fox News, Murdoch acusou Turner — em discurso no National Press Club, em Washington, em fevereiro de 1996 — de "se vender ao sistema em seus anos de decadência" e "bajular ditadores estrangeiros".[19]

Mas foi por meio da Fox e do *New York Post* que Murdoch realmente destilou sua ira contra Turner. A Fox, que exibia os jogos da World Series em 1996, decidiu mostrar Turner somente em momentos em que ele parecesse tolo, como, por exemplo, usando um boné do Braves de lado e imitando um golpe de tacape com o braço, marca registrada do time que, por acaso, muitos americanos de origem indígena consideravam ofensivo. Antes, em 1996, o *New York Post* publicara um artigo sobre a atriz e ativista política Jane Fonda, na época mulher de Turner, referindo-se a ela como "apenas mais uma chata nua e desmiolada de Hollywood" e a exibindo em foto no alto de um canhão norte-vietnamita, durante sua controversa visita a Hanói em 1972.[20] A reportagem foi publicada logo depois de Fonda questionar se o apoio de Giuliani à News Corp. tinha algo a ver com o fato de sua então mulher, Donna Hanover Giuliani, ser repórter da WNYW, estação de TV em Nova York que pertencia à News Corp.

O *Post* também zombou da admitida batalha de Turner contra a depressão, questionando, num artigo em 1996, se ele havia "parado de tomar remédio" e se estava "caminhando perigosamente para a insanidade".[21] Turner, por sua vez, recorreu a insultos em 1996, referindo-se a Murdoch, em várias ocasiões, como "asqueroso", a "desgraça do jornalismo" e "nojento". Chegou a comparar Murdoch a Hitler, chamando-o de "novo *Führer*", uma vez que usava suas organizações para avançar em interesses políticos particulares.[22] O comentário não o ajudou a parecer simpático em sua luta contra Murdoch. Como resultado, ele acabaria se desculpando à Anti-Defamation League, organização internacional de luta contra o antissemitismo. Em carta à ADL, escreveu que, ao comparar Hitler a Murdoch se referiu "apenas à maneira como Hitler administrava as notícias na Alemanha" e não teve a intenção de "ofender nem banalizar o papel de um indivíduo que causara tanta destruição ao povo judeu".[23]

Rivais tanto de Murdoch quanto de Turner acharam a batalha divertida, para dizer o mínimo. John Malone, que na época era dono da TCI, a segunda maior empresa de televisão a cabo do país (mais tarde vendida para a AT&T e depois para a Comcast), disse ao jornal britânico *The Independent*, em novembro de 1996, que era melhor assistir aos murros de Murdoch e Turner em seus negócios do que a uma luta de Mike Tyson. Na época, Malone investia na Time Warner — demoraria dois anos e meio para obter sua primeira participação na News Corp. —, mas também tinha uma participação no sucesso de Murdoch, já que a TCI, diferentemente da Time Warner, concordara em veicular a Fox News.

"Para mim, é uma grande comédia. Há anos Ted Turner não se sentia tão jovem e cheio de energia. Ele adora uma boa luta. Eu não desperdiçaria uma lágrima por nenhum desses caras", disse Malone.[24]

E Turner não deixaria isso passar. Chegou a aproveitar a analogia com o boxe feita por Malone. Em dois discursos distintos em junho de 1997, Turner brincou sobre a luta com Murdoch. Num evento da

Hollywood Radio & Television Society, fez às plateias uma pergunta sobre sua rixa com Murdoch.

"O que vocês acham de ele e eu irmos para o ringue e colocarmos as luvas no MGM Grand, em Vegas, para um evento de caridade em *pay--per-view*? Cobraríamos US$ 4,95, e o vencedor escolheria a organização de caridade. Há muito tempo ninguém vê uma luta de dois sessentões. Os boxeadores normais lutam aos 40. Ele é forte. Pode ser que vença. O motivo pelo qual não fiz isso antes é que ele é sete anos mais velho que eu, e temo que ele vença", disse Turner.[25] Novamente ele levantou a possibilidade de uma luta durante uma convenção nacional de editores de esporte ainda naquele mês, brincando que o evento poderia se chamar algo como "Desafio para Coroas" e declarando que "Murdoch provavelmente é um covarde. Se quiser, ele pode usar um protetor de cabeça e eu não".[26]

Murdoch e Turner finalmente fizeram uma trégua depois que a Time Warner concordou em veicular a Fox News em julho de 1997, e as duas empresas resolveram suas divergências legais resultantes da disputa. Mas os dois continuariam inimigos ferozes. Em novembro de 1999, por exemplo, Murdoch sugeriu, durante uma entrevista na Fox News, que ouvira dizer que Turner — ainda vice-presidente da Time Warner — estava exortando a companhia a fazer uma oferta para comprar da General Electric a NBC.[27] Murdoch não citou qualquer fonte como origem da especulação, e muita gente questionou abertamente se o comentário não passava de uma maneira para possivelmente reduzir o preço das ações da Time Warner e enervar Turner ainda mais.

Murdoch descobriu que a melhor maneira de irritar Turner (e outras pessoas do meio de notícias) era simplesmente dar continuidade ao que fazia com a Fox o tempo todo: alardear que sua rede era a única fonte de notícias "objetivas" em meio a um bastião de organizações liberais. Aos poucos a estratégia funcionou, e, à medida que a Fox começava a ser transmitida por um número cada vez maior de sistemas a cabo, mais telespectadores aderiam ao seu estilo opinativo de notícias. Murdoch também investiu pesado no canal para assegurar que ele decolasse. Durante seus comentários anuais aos acionistas, em outubro de 2007, ele disse que a News Corp. investiu cerca de US$ 900 milhões na Fox News desde que esta fora lançada.[28] Tanto Ailes quanto Murdoch reconheceram que a Fox News perdeu dinheiro ao longo de seus primeiros cinco anos.

Mas a rede conseguiu atingir o objetivo de superar a audiência da CNN em apenas quatro anos — um ano antes do programado — e se aproveitou desses ganhos nos anos seguintes. O sucesso da Fox News ajudou a News Corp. quando esta lançou outras redes, como a FX e os canais locais de esporte, uma vez que as empresas a cabo se dispuseram a ficar do lado de Murdoch. Nesse sentido, o Fox Business Channel — que teve um início morno — foi lançado atingindo mais de 30 milhões de lares. Foi a maior estreia já vista de um canal a cabo.

Na verdade, Murdoch ficou tão confiante no contínuo sucesso da Fox News e da FX, que passou a pedir publicamente às empresas a cabo taxas de transmissão mais altas já em 2004 — dois anos antes de expirar a maioria dos antigos acordos da Fox News.

"Quando os acordos de afiliação do canal começarem a expirar, em 2006, esperamos negociar taxas de transmissão condizentes com os excepcionais índices de audiência da Fox News. De maneira semelhante, nosso canal de entretenimentos em geral, FX, está preparado para rendas maiores com os afiliados quando seus acordos originais forem renegociados nos próximos anos", disse Murdoch em seu discurso anual aos acionistas em outubro de 2004.[29]

E mais uma vez, assim como conseguiu confiar completamente em Barry Diller quando a News Corp. lançou a Fox em 1986, Murdoch teve em Ailes um veterano com o qual sabia que podia contar completamente.

"Ailes é diferente de todas as pessoas que trabalharam para Murdoch", escreveu Marvin Kitman, colunista do *Newsday*, logo depois da contração de Ailes, em fevereiro de 1996. "Roger não precisa do emprego porque é um renomado consultor político, fabricante de presidentes

(Bush, Nixon), produtor de TV (*The Rush Limbaugh Show*) e apresentador de talk-show (*Straightforward*, na CNBC). Desta vez, Murdoch contratou alguém tão grande quanto ele nos negócios. Ailes pode apanhar um telefone e falar com o presidente dos Estados Unidos (de qualquer partido) bem mais rápido do que Rupert."[30]

E Murdoch tem recompensando bem Ailes pelo sucesso da Fox News, que no fim de 2007 estava disponível para 95 milhões de lares americanos. Em 2005, Murdoch o nomeou presidente da Fox Television Stations, dando-lhe controle sobre a unidade 20th Television, que produz novos programas regionais e distribui programas fora da rede. Ailes também foi nomeado presidente e CEO da Fox Business quando esta foi lançada.

De acordo com o relatório aos acionistas no ano fiscal de 2007, que terminou em junho daquele ano, a remuneração anual total de Ailes, incluindo salário, bônus e outros benefícios, foi de quase US$ 11 milhões.

Em virtude da lealdade de Murdoch para com Ailes, porém, a Fox News — assim como quase todas as organizações de notícias de Murdoch — continua a enfrentar críticas ao que é percebido como uma tendência conservadora. Na verdade, há quem argumente que a Fox News é o pior exemplo de uso da mídia para que Murdoch consiga o que deseja, política ou financeiramente.

Ailes e Murdoch, no entanto, têm negado essas acusações. Numa reunião com membros da Comissão de Comunicação da Câmara dos Lordes britânica sobre propriedade de mídia no Reino Unido, em setembro de 2007, Ailes declarou que essa tendência não existe. De acordo com a ata da reunião, ele afirmou que "o canal não tem qualquer agenda política particular, e um esforço é feito para equilibrar as reportagens que produz". Mas também admitiu que "em certos dias, o canal age para equilibrar o resto da mídia", acrescentando que acreditava no fato de outros veículos de notícias, como o *New York Times*, serem de tendência liberal.[31]

Ailes disse também que a Fox News nunca apoiava um partido político ou candidato específico e produzia uma cota justa de reportagens que não retratavam o Partido Republicano ou o presidente George W. Bush de maneira favorável. Ele informou à comissão que durante a eleição presidencial de 2000, a Fox News decidiu fazer uma reportagem sobre o fato de Bush ter sido flagrado em 1984 dirigindo sob efeito de bebida alcoólica, porque achou que era uma boa notícia. Ailes disse que a campanha de Bush chegou a pedir à rede para suspender a reportagem. Ele sugeriu que a "influência" da reportagem foi o motivo pelo qual Bush perdeu tanto terreno para Al Gore nos últimos dias da campanha, o que resultou na disputa presidencial mais acirrada da história dos Estados Unidos. Ailes reiterou sua crença de que a rede tinha uma visão mais de centro e afirmou, de acordo com a ata da reunião, que "se algum outro canal de notícias se afastasse da esquerda, então a Fox teria uma forte concorrência".[32]

Mas Murdoch, em sua própria reunião com os membros da Comissão de Comunicação da Câmara dos Lordes, em setembro de 2007, evitou fazer qualquer menção específica à tendência política ao descrever os motivos pelos quais achava que a Fox News era tão bem-sucedida. De acordo com a ata da reunião, ele expressou frustração pelo fato de a Sky News, da BSkyB, não mais ser parecida com a Fox News e pelo fato de a rede britânica não adotar opiniões editoriais semelhantes às da americana Fox News de modo a se tornar "uma alternativa apropriada à BBC". Argumentou ainda que a rede poderia fazer algumas mudanças na maneira como apresentava as notícias visualmente e empregar algumas das técnicas que funcionavam tão bem na Fox News. Murdoch concluiu que o único motivo para a Sky News não ser mais parecida com a Fox News era o fato de que "ninguém me ouve na Sky".[33]

É provável que isso não seja totalmente verdade. Claramente, editores de jornais e executivos de noticiários de televisão demonstram que ouvem Murdoch, ou pelo menos fazem as coisas como acham que ele deseja para evitar reclamações de seus chefes, ou mesmo do próprio Rupert. E a forte ambição de Murdoch não deixará que a Sky News simplesmente continue a progredir em ritmo lento. Em algum momento, ele fará com que sua voz seja ouvida, e alguém o ouvirá.

Murdoch tem grandes planos para suas operações a cabo. Durante discurso aos acionistas em outubro de 2007, ele audaciosamente previu que, dentro de alguns anos, a Fox News relataria um lucro de pelo menos US$ 900 milhões por ano. Disse também que o valor do canal atingiria a marca dos US$ 10 bilhões.[34]

Murdoch está confiante de que duplicará a audiência da Fox Business e as conquistas financeiras da Fox News, embora em menor escala. Entretanto, ao falar com os acionistas em 2007, admitiu que seria longo o caminho para o sucesso. Em muitos aspectos, a CNBC é uma líder ainda mais bem-sucedida do que era a CNN na época em que a Fox News foi lançada. "A FBN enfrenta muitos desafios com um concorrente bem estabelecido que está 17 anos à sua frente. Vejo o crescimento da FBN em anos, não em meses", disse Murdoch.[35]

Além disso, as notícias de negócios representam um setor muito mais restrito no mercado de notícias do que as notícias gerais e políticas. Sem dúvida os executivos da Fox Business afirmaram que a rede seria mais acessível ao telespectador médio do que a CNBC e seria um lugar onde líderes de corporações compartilhariam suas histórias e seu conhecimento com o público em geral. Mas outro canal dedicado à cobertura econômica e de mercados pode parecer redundante nesse momento. Na verdade, Wall Street se tornou um grande assunto na época do lançamento da Fox Business. Em virtude da crise do crédito imobiliário e da desaceleração econômica, as reportagens financeiras deixaram de ser secundárias para a CNN, a Fox News e as principais redes abertas.

O presidente do Federal Reserve, Ben Bernanke, costumava interessar apenas a operadores da bolsa e profissionais dedicados de Wall Street. Mas em meio ao colapso do setor habitacional, Bernanke passou a ser parte das reportagens principais da CNN, da Fox News e das redes de TV aberta.

Mesmo tendo a bordo um veterano da CNBC como Ailes para ajudar a desenvolver a Fox Business, talvez seja difícil para a rede, se não impossível, encontrar um lugar para si própria. Depois de acompanharem seu primeiro dia de funcionamento, alguns profissionais de Wall Street disseram não ver necessidade de continuar a assistir ao canal, já que em nada diferia da CNBC. Na verdade, a maioria dos que assistiram à Fox Business no primeiro dia se perguntavam qual seria a necessidade de outra rede de notícias de negócios.

"Parecem os programas de negócios da manhã de sábado no Fox News Channel. Não é muito diferente", disse Barry Ritholtz, diretor de pesquisas de mercado da Fusion IQ, empresa de gerenciamento de investimentos com sede em Nova York. "Fiquei surpreso ao ouvir que a Fox quer ser mais amiga do mundo corporativo do que a CNBC. Como isso seria possível? Não vejo a CNBC atacar executivos de corporações. É um ambiente bastante amigável para os CEOs que querem aparecer e contar suas histórias."[36]

Para ser justo, a rede teve tanto pontos altos quanto baixos em seus primeiros dias. O canal deu o chute inicial com uma cobertura sobre os planos do conglomerado industrial Danaher de comprar a empresa de equipamentos de testes e medições Tektronix. Era uma história que valia a pena cobrir, apesar de ser claramente mais importante para profissionais de investimentos do que para o telespectador da Main Street que a Fox Business dizia ser seu alvo.

À medida que a manhã avançou, houve uma mistura interessante de atrações: desde uma entrevista com o skatista Tony Hawk sobre seu novo videogame até uma reportagem de serviço sobre como tirar vantagem do dólar fraco investindo em moedas asiáticas. Mas houve também uma entrevista bizarra com o infame e autoproclamado "Caubói Nu", que passeia de cuecas pela Times Square, em Nova York, cantando e tocando violão.

E, é claro, a Fox Business tinha uma frenética programação gráfica que os telespectadores da Fox News — e de praticamente todas as emissoras hoje em dia — acostumaram-se a ver. Porém, um profissional de investimentos disse que ela se arriscava ao ir longe demais.

86 A cabeça de Rupert Murdoch

"O engraçado na Fox é que até hoje sua abordagem de notícias e esportes parece ser mais chamativa, gráfica e sonora — um exagero de prazeres sensoriais. E muitas vezes me preocupo com o fato de que isso talvez deprecie o conteúdo. É algo em que eles precisarão pensar ao terem como alvo os profissionais de Wall Street", disse Todd Campbell, presidente da E. B. Capital Markets, empresa independente de pesquisa de mercado para investidores profissionais, com sede em Durham, New Hampshire.[37]

Mas Murdoch não pretende desistir da Fox Business, apesar de algumas críticas ruins no início. Em pronunciamento na conferência de mídia do banco Bear Stearns em março de 2008, ele reiterou sua satisfação com o progresso da rede nos primeiros meses e disse que, à medida que mais sistemas a cabo tivessem o canal, este ganharia parte da audiência da CNBC. A mensagem-chave de Murdoch foi de que ele ainda confiava plenamente em Ailes e não esqueceria todo o bem que ele fizera a outras redes a cabo da News Corp. Recentemente, Bear Stearns foi vendido para o JPMorgan Chase.

"Tenho total confiança em Roger Ailes. A Fox Business está transmitindo um canal de ótima aparência, especialmente quanto à alta definição. Só precisamos obter mais distribuição. Mas no momento estamos contentes com o que estamos fazendo", disse Murdoch.[38]

Ele acrescentou que provavelmente demoraria de dois a três anos para a Fox Business pagar a si mesma. E, em seu estilo clássico, lembrou à plateia que o canal não era o primeiro empreendimento da News Corp. a ter um início difícil antes de se tornar um sucesso. "As pessoas achavam que éramos loucos na época da Fox News e da Sky Italia", disse ele.[39]

Seja a ideia louca ou não, a Fox Business é apenas um aspecto do plano mais amplo da News Corp. para a televisão a cabo, que está avançando. Murdoch também estabeleceu alvos grandiosos para as operações internacionais da empresa.

"Os canais a cabo nos EUA são apenas parte de uma rede de canais de sucesso que temos pelo mundo. O lucro da Fox International Channels

— um negócio que não existia alguns anos atrás — cresceu cerca de 80% no ano passado enquanto o negócio se expandia para uma audiência global maior. Ao todo, incluindo nossas operações na STAR, na SKY Italia e em outros lugares no exterior, operamos agora 240 canais em mais de 75 países, transmitindo em 31 línguas. E muitos desses canais estão apenas começando a mostrar seu potencial. Temos grandes esperanças para todos os nossos canais nos próximos anos", disse Murdoch.[40]

A News Corp. não está ignorando o resto do mundo. Suas raízes corporativas estão na Austrália, e grande parte do sucesso obtido desde então veio mediante as gordas quantias de dinheiro geradas pelas publicações de Murdoch naquele país e, mais tarde, na Grã-Bretanha. Não haveria Fox, Fox News, nem Fox Business nos Estados Unidos se Murdoch não tivesse primeiramente alterado a paisagem da mídia australiana e britânica. E observando mais de perto como ele conseguiu dominar as ondas de satélite no Reino Unido e na Itália, pode-se ver um sinal do que ainda está por vir. Murdoch agora está de olho no resto da Europa e em mercados ainda mais lucrativos, como a Índia, a China e outras partes da Ásia.

4. O céu é o limite

É provável que a News Corp. seja a única empresa de mídia realmente global, talvez porque as raízes australianas de Murdoch e seus anos de formação na Inglaterra tenham-lhe incutido uma visão mais ampla do mundo, em comparação a de muitos de seus concorrentes.

Gigantes da mídia americana como Walt Disney, CBS, Viacom, Time Warner e NBC Universal, da GE, certamente têm uma importante presença no mundo. Mas lhes falta a dimensão dos interesses globais da News Corp. Da mesma forma, conglomerados de mídia europeus e asiáticos como Bertelsmann, Vivendi e Sony não têm uma presença nos Estados Unidos como a News Corp., que transferiu oficialmente sua sede da Austrália para os Estados Unidos em 2004.

No ano fiscal de 2007, a News Corp. gerou quase 32% de suas vendas totais na Europa e 15% na Austrália e na Ásia. Murdoch fala com orgulho da diversificação geográfica de sua empresa em comparação à de seus rivais. E enquanto muitos investidores de mídia temiam uma recessão nos Estados Unidos no início de 2008, ele procurou assegurar a Wall Street que sua empresa poderia resistir melhor se houvesse uma desaceleração, uma vez que não fazia apostas somente nos Estados Unidos.

"Estamos mais bem posicionados do que outras empresas de mídia para o que quer que aconteça. Os resultados são um forte sinal de que nossos negócios são duráveis", disse Murdoch na teleconferência sobre ganhos no segundo trimestre do ano fiscal da empresa, em fevereiro de 2008. "Temos uma empresa estruturalmente mais sadia, significativamente menos sujeita aos caprichos do mercado de propaganda. Menos de um quarto de nossa receita está ligado aos anunciantes de televisão nos EUA."

Nesse sentido, as operações da News Corp. fora dos Estados Unidos se expandiram rapidamente nos últimos anos. Embora o total de vendas nos Estados Unidos tenha aumentado apenas 8,9% no ano fiscal de 2007, o crescimento foi de 17% na Austrália e na Ásia, e 20% na Europa.

David Bank, analista do RBC Capital Markets que acompanha ações da mídia, alegou que a exposição internacional da News Corp. é um dos principais motivos para as ações da empresa terem tido um desempenho melhor do que o de seus rivais. Segundo ele, Murdoch tem o dom de encontrar as melhores oportunidades nos mercados certos.

"Eles têm um forte crescimento internacional. A News Corp. é dona da Sky Italia, e eles são simplesmente dominantes. É uma máquina de crescimento maciço para a empresa", disse Bank.[1]

A expansão no campo da televisão por satélite foi uma parte decisiva da estratégia de Murdoch para diversificar a empresa e torná-la menos dependente dos caprichos da propaganda. No terceiro trimestre do ano fiscal de 2008, a Sky Italia respondeu por 11% do total de vendas da News Corp., e finalmente começou a ter lucro operacional. E o mais importante: a receita aumentou quase 22% nos primeiros nove meses do ano, tornando-a a segunda divisão de operações da News Corp. com crescimento mais rápido em vendas, perdendo apenas para o negócio de redes a cabo da empresa. Enquanto isso, na British Sky Broadcasting, da qual a News Corp. possui 39%, a receita nos primeiros nove meses do ano fiscal de 2008 cresceu 10%.

A News Corp. é um investidor minoritário da BSkyB. Portanto os resultados desta empresa são relatados separadamente. A News Corp. apresenta os resultados da BSkyB como "investimentos de participação acionária".

O processo para transformar a BSkyB e a Sky Italia nas máquinas de crescimento que são hoje foi longo e doloroso. E, conforme será discutido com mais detalhes adiante, a decisão de lançar a antecessora da BSkyB — a Sky Television — em 1988, combinada com as dispendiosas compras de revistas americanas por Murdoch, quase matou a empresa. Ao longo do caminho, as ambições de Murdoch por satélites o tornariam um alvo ainda mais frequente daqueles que achavam que ele usava a influência persuasiva da News Corp. para obter tratamento injustamente preferencial de governos e órgãos reguladores.

Murdoch anunciou seus planos para a Sky Broadcasting em 1988 e a lançou oficialmente em 1989. E num rápido período de um ano a rede conquistou 1 milhão de telespectadores. O capital exorbitante necessário para lançar e manter uma rede de televisão por satélite, porém, quase levou a News Corp. à ruína financeira. Como resultado, Murdoch foi obrigado a abandonar a esperança de ficar sozinho no negócio, e, em 1990, a Sky Television se fundiu com a British Satellite Broadcasting para formar a British Sky Broadcasting, ou BSkyB.

Em 1994, a News Corp. vendeu uma parte da BSkyB ao público, reduzindo seu domínio sobre a empresa em cerca de 40%, lucrando aproximadamente US$ 1,3 bilhão nesse processo. Mais uma vez Murdoch provava aos investidores que tinha o toque de Midas e que, apesar de sua empresa quase falir alguns anos antes, seu gosto por grandes riscos era compensador.

Entretanto, nos anos seguintes Murdoch enfrentaria alguns desafios para expandir seu império. Além disso, suas ações forneceriam ainda mais combustível para aqueles que achavam que ele usava injustamente sua posição como um dos maiores gigantes da mídia mundial em favor de interesses próprios.

Num ato precursor da aquisição da Sky Italia pela News Corp., em 1998, Murdoch manifestou interesse em comprar a rede de televisão italiana Mediaset. E, numa manobra que geraria bastante controvérsia na Grã-Bretanha e em todo o continente europeu, conseguiu que o primeiro-ministro britânico, Tony Blair, telefonasse para o primeiro-ministro italiano, Romano Prodi, para avaliar a reação dele à possibilidade de a News Corp. fazer uma oferta de compra à Mediaset, controlada por Silvio Berlusconi, ex-primeiro-ministro da Itália que voltaria ao cargo em 2001. (Ironicamente, mais tarde Murdoch venderia seu iate *Morning Glory* a Berlusconi.)

De início, o governo britânico negou que Blair tivesse agido em benefício de Murdoch. Mas Rupert confessou que realmente pedira a Blair para falar com Prodi. E mais: não demonstrou qualquer sinal de culpa por tê-lo feito. "Foi um pedido de informação completamente inocente, que eu esperaria de qualquer negócio britânico que precisasse de ajuda de seu governo em investimentos europeus", disse Murdoch em declaração ao *Times*, que, não esqueçamos, pertence à News Corp.[2]

Tal fato não só constrangeu Blair, como também pode ter influenciado a decisão do governo britânico, um ano depois, de impedir Murdoch de realizar mais um de seus antigos sonhos: assumir o controle do time de futebol Manchester United.

Em setembro de 1998, a BSkyB anunciou uma oferta de US$ 1 bilhão para comprar o Manchester United, ou ManU, como o time é conhecido por seus torcedores entusiasmados. A oferta foi a maior já feita a um time esportivo profissional e provocou ondas de choque tanto na mídia quanto no mundo dos esportes. Fãs do time ficaram preocupados com a ideia de que Murdoch o controlaria. Muitos temiam que ele transferisse os jogos da televisão aberta para a televisão paga. Provavelmente era esse o principal fator motivante por trás da proposta.

O ManU é um dos times esportivos mais populares do mundo, superando até mesmo o célebre New York Yankees em reconhecimento e alcance entre fãs no mundo. Mas Murdoch o queria não necessariamente por questões de ego, embora isso provavelmente contasse alguma coisa. A posse do ManU daria à BSkyB a chance de renegociar os direitos de transmissão exclusiva para a televisão com a Premier League — da qual o ManU era membro — quando o acordo corrente expirasse, em 2001.

O governo britânico, entretanto, não estava disposto a deixar Murdoch obter o controle do time esportivo mais famoso do país. Blair e outros líderes podiam ter permitido que Murdoch sussurrasse em seus ouvidos no passado, mas enfrentavam agora o risco de enfurecer muitos eleitores em potencial se aprovassem a venda do time para Rupert. Portanto, o governo não poderia permitir que o negócio se concretizasse. Em abril de 1999, o secretário do Estado para o Departamento de Indústria e Comércio britânico impediu formalmente a aquisição.

A BSkyB lamentou a decisão, mas nada pôde fazer senão aceitar a derrota (algo com que Murdoch não estava acostumado) e seguir em frente. "A BSkyB está decepcionada por impedirem a aquisição. Continuamos convencidos de que não levantamos qualquer competição ou preocupação de interesse público maior e de que, se a aquisição tivesse ocorrido, seria bom para os fãs, para o futebol e para o Manchester United", disse a empresa em declaração.[3]

Ao mesmo tempo que Murdoch esbarrava em alguns empecilhos com a BSkyB, a News Corp. tentava se tornar um importante ator no setor de televisão por satélite em outro país louco por futebol: a Itália. Ali a News Corp. havia adquirido uma parte da empresa de televisão por satélite Stream, lançada em 1993 e que também era propriedade da Telecom Italia. Mas a brutal concorrência no mercado italiano da rival Telepiu, pertencente à Vivendi Universal e a sua subsidiária Canal+, levou os dois serviços por satélite a sofrerem perdas comprometedoras.

Com isso em mente, a News Corp. e a Telecom Italia prepararam uma oferta para comprar a Telepiu da Vivendi. Em 1º de outubro de 2002, as três empresas anunciaram que a News Corp. e a Telecom Italia pagariam US$ 900 milhões pela Telepiu, que passaria a se chamar Sky Italia. A News Corp. teria 80,1% da TV, e a Telecom Itália, os 19,9% restantes.

Em discurso na reunião anual de acionistas de sua empresa, em Adelaide, apenas oito dias depois de selar o acordo para adquirir a Telepiu e criar a Sky Italia, Murdoch explicou por que estava tão decidido a se tornar líder no mercado italiano. Suas observações foram mais um exemplo de sua crença de que agir de maneira ousada e decisiva era a chave para manter a empresa em crescimento.

"Essa foi uma rara oportunidade de formar uma plataforma única de TV por assinatura em um dos países mais ricos e mais apaixonados por

TV do mundo, por um preço extremamente atraente", disse ele. "Vemos um enorme potencial de crescimento para essa plataforma. Não há cabo na Itália, e a televisão aberta é medíocre, na melhor das hipóteses. Oferecendo a mais rica seleção de programas já reunida num único canal, e ao mesmo tempo eliminando o problema de pirataria desenfreada que atormentou as operadoras no passado, estamos confiantes em nossa capacidade de transformar o serviço em outra BSkyB e gerar retornos aos nossos investimentos já no fim do próximo ano civil."[4]

O acordo foi fechado em abril de 2003. E durante seu discurso anual aos acionistas na reunião de investidores da empresa, em outubro daquele ano, Murdoch se gabou de que a Sky Italia "um dia seria uma das joias brilhantes da News Corp.". Previu também que a Sky Italia atingiria a lucratividade em aproximadamente um ano e meio e teria "um crescimento muito acentuado depois disso".[5]

"Para dizer o mínimo, estamos todos muito animados com as perspectivas da Sky Italia, cujo potencial considero semelhante ao desempenho de categoria internacional da BSkyB, da qual temos 35%", concluiu Murdoch.[6]

Em setembro de 2004, a News Corp. consolidou ainda mais seu domínio no mercado ao comprar da Telecom Italia os 19,9% restantes da Sky Italia. Tal aquisição foi rapidamente compensada, assim como Murdoch esperava. A Sky Italia relatou que seu primeiro trimestre com lucro operacional foi o quarto trimestre do ano fiscal de 2005, que terminou em junho daquele ano. Um ano depois, a unidade apresentou um ano inteiro com lucro operacional de US$ 39 milhões.

Com presença dominante no Reino Unido e na Itália — que responderam por 77% do total de vendas da News Corp. na Europa no ano fiscal de 2007 — Murdoch se voltou para outras áreas do continente. Em janeiro de 2008, a News Corp. mais uma vez alcançou o mercado de TV alemão, adquirindo 14,6% da Premiere AG, a maior operadora de TV a cabo da Alemanha e da Áustria, por cerca de US$ 423 milhões. Nos quatro meses seguintes, a News Corp. triplicou sua participação na Premiere. Em maio de 2008, já possuía 25,1% da empresa.

"A TV por assinatura é um negócio decisivo para a News Corporation e uma categoria que está se expandindo na Europa com uma grande quantidade de novos serviços e inovações. Vemos um enorme potencial de crescimento na Alemanha e acreditamos que este é o momento certo para investirmos em seu principal negócio de TV por assinatura, a Premiere", disse Murdoch em declaração.[7]

Aquela não era a primeira vez que Murdoch investia na Premiere — a News Corp. fizera isso em 1999, ao comprar uma participação na KirchMedia, empresa que na época controlava a Premiere. Mas em 2002 enfrentou uma perda de quase US$ 1 bilhão no investimento, o que ele considerou "um soco no olho". A decisão de investir novamente na Premiere seis anos depois foi vista como um ataque preventivo à Vivendi, que também se interessaria em adquirir parte da empresa, ou talvez toda ela.

Murdoch também se interessara pela Alemanha em 1994, num empreendimento conjunto com a Bertelsmann, gigante concorrente de mídia e editora de livros. Naquele ano, a News Corp. comprou da Bertelsmann uma participação na estação de televisão alemã VOX, que acabaria vendendo de volta em 1999, depois de suportar vários anos de perdas.

Nos círculos financeiros, porém, são os flertes de Murdoch com a Ásia — particularmente com a China — que têm gerado mais interesse e controvérsia.

Em 1993, logo depois de anunciar a compra de uma participação majoritária da rede de televisão asiática STAR, Murdoch fez um discurso em Londres que irritou o governo chinês e preparou o terreno para suas futuras táticas e estratégias para negociar com a China.

"Os avanços na tecnologia das comunicações têm provado ser uma ameaça inequívoca aos regimes totalitários. Máquinas de fax permitem que dissidentes contornem a mídia impressa controlada pelo Estado;

ligações telefônicas diretas dificultam ao Estado o controle da comunicação interpessoal por voz; e a transmissão por satélites possibilita que residentes de muitas sociedades fechadas ávidas por informação contornem os canais de televisão controlados pelo governo", disse Murdoch em setembro de 1993.[8]

A rápida resposta de Pequim foi a imposição de regulamentos mais estritos às antenas parabólicas no país, decisão que obviamente dificultaria os negócios da STAR.

Desde então, as atitudes de Murdoch para com o regime comunista chinês têm causado espanto. Muitos que o acompanham acreditam que ele tem feito o possível para se retratar por suas duras declarações sobre "regimes totalitários", no intuito de avançar em sua agenda de negócios nesse mercado potencialmente lucrativo.

O primeiro passo para acalmar a China foi remover o canal internacional de notícias da British Broadcasting Corporation do serviço da STAR na China, uma vez que o governo chinês não aprovou um programa da BBC que criticava o ex-líder chinês Mao Tsé-tung.

Logo depois disso, a HarperCollins, braço editorial da News Corp., publicou *My Father Deng Xiaoping*, a versão para a língua inglesa de uma biografia do então líder chinês Deng Xiaoping feita por sua filha Deng Rong em 1995. Para muitos críticos de Murdoch, a decisão foi uma prova de que ele faria o que fosse preciso para voltar a cair nas graças do governo chinês.

"Murdoch pagou US$ 1 milhão à filha do líder comunista chinês Deng Xiaoping por outro livro pela HarperCollins com um apelo comercial que mal se estendia para além do núcleo familiar dela. É claro que o negócio foi fechado quando Murdoch esperava receber a aprovação oficial dos comunistas chineses à expansão de suas transmissões por satélite para a China. Quando concordou em retirar a BBC da oferta da Star TV naquele país, ele explicou: 'Estamos tentando nos estabelecer na China. Por que deveríamos aborrecê-los?' Mais tarde, acrescentou: 'A verdade — e nós americanos não gostamos de admitir — é que essas sociedades autoritárias podem funcionar'", escreveu Eric Alterman, membro veterano do Center for American Progress — que se autointitula uma "instituição progressiva de pesquisas" — no site da organização, em maio de 2007, depois de a News Corp. anunciar sua oferta à Dow Jones.[9]

Dois anos depois da publicação da biografia de Deng Xiaoping, a STAR fez um acordo para transmitir uma série de documentários de 12 horas sobre Deng Xiaoping produzida pela China Central Television (CCTV) e pelo Departamento Central de Pesquisas Documentais do Partido Comunista.

Finalmente, em 1998, a HarperCollins cancelou a publicação de uma biografia bastante badalada, escrita por Chris Patten, ex-governador de Hong Kong e crítico do governo comunista chinês. Isso foi visto por muita gente como o exemplo mais flagrante de como Murdoch faz uso da própria autoridade para suprimir algo que potencialmente afastaria o governo chinês. O livro, intitulado *East and West*, foi publicado ainda em 1998 pela MacMillan, no Reino Unido, e pela Crown — um selo da Random House — nos Estados Unidos.

Nove anos depois da controvérsia em torno da biografia de Patten, Murdoch admitiu, em entrevista à revista *Time*, que provavelmente não deveria ter impedido o livro. Mas, à sua maneira típica, não expressou grande remorso pela decisão.

"Provavelmente errei ali também", disse Murdoch em julho de 2007, no auge de sua batalha pelo controle da Dow Jones. "Esta tem sido uma longa carreira, e cometi alguns erros ao longo do caminho. Não somos todos virgens."[10]

Mas o alvoroço em torno de *East and West* não seria a última vez que Murdoch criaria controvérsia em torno do que muita gente percebia como uma atitude de se ajoelhar diante da China. Em artigo na revista *Vanity Fair*, em 1999, Murdoch falou contra o Dalai Lama, líder espiritual budista reverenciado em quase todo o mundo mas desprezado pelo regime comunista chinês por suas frequentes críticas à ocupação contínua do Tibete pela China.

"Tenho ouvido cínicos dizendo que ele é um velho monge bastante político que anda de sapatos Gucci", disse Murdoch no artigo, referindo-se ao Dalai Lama. E mais adiante, na reportagem, Murdoch é citado sugerindo que o Tibete pode estar em melhor situação se governado pela China. "Aquilo era uma antiga e terrível sociedade autocrática da Idade Média", disse ele sobre o Tibete.[11] "Talvez eu esteja sendo enganado pela propaganda deles", acrescentou, referindo-se ao governo chinês, "mas era uma sociedade autoritária e medieval, sem nenhum serviço básico".[12]

Para Murdoch, lidar com a China tem sido uma questão mais complicada também por motivos pessoais. Sua terceira mulher, Wendi Deng, era executiva da STAR na China e desde então assumiu um papel mais ativo trabalhando para o MySpace nos esforços deste para se expandir no país. Em 1999, Murdoch se casou com Deng, 38 anos mais jovem que ele. Ela é mãe de suas duas filhas mais novas, Chloe e Grace. Certa vez, num discurso em Tóquio, Murdoch brincou ao dizer que ele é "quase um asiático, com uma esposa chinesa".[13]

Outro membro da família de Murdoch tem tornado suas negociações com a China ainda mais complexas. Em 2001, o filho mais novo de Rupert, James, na época presidente e CEO da STAR, chocou as pessoas ao declarar que muitas críticas ao governo chinês eram duras demais. James Murdoch prosseguiu depreciando a Falun Gong, um movimento espiritual chinês tratado pelo governo quase como um grupo terrorista e proibido no país desde que fez um protesto na Praça da Paz Celestial, em 1999, para comemorar o aniversário de dez anos da manifestação pró-democracia ocorrida naquela praça e que terminou em confrontos entre estudantes e soldados. James considerou a Falun Gong "perigosa" e a chamou de "culto apocalíptico" que "claramente não se importa com o sucesso da China".[14]

Quando James Murdoch deixou o comando da STAR, em 2004, para se tornar CEO da BSkyB, os críticos acharam que não precisariam mais se preocupar com sua influência nas operações asiáticas da News Corp. Estavam enganados. Em dezembro de 2007, James Murdoch foi nomeado presidente e CEO da News Corp. para a Europa e a Ásia e ainda reintegrado à diretoria da News Corp. (em 2003 ele deixou seu lugar na diretoria, ao trocar a News Corp. pela BSkyB). Como parte de sua nova função, James Murdoch passou a supervisionar, de acordo com uma declaração da News Corp., "o desenvolvimento estratégico e operacional das televisões, jornais e bens digitais correlatos da News Corporation na Europa, na Ásia e no Oriente Médio".[15] Isso obviamente inclui a STAR e a crescente presença da News Corp. na internet, particularmente na China, com o MySpace. Além disso, a decisão de nomeá-lo chefe de todos os negócios da News Corp. na Europa e na Ásia foi amplamente interpretada por analistas e observadores da mídia como um desejo de Rupert Murdoch de que seu filho acabe sucedendo-o como presidente e CEO da News Corp.

Esse desdobramento, juntamente com a compra da Dow Jones em 2007, reacendeu temores em relação a Murdoch e seus negócios na China. Uma das maiores preocupações dos críticos era como Murdoch poderia tentar influenciar a cobertura da China nas publicações da Dow Jones, sobretudo no prestigioso *Wall Street Journal*.

Entretanto, ironicamente, o primeiro grande teste de como a nova Dow Jones reportaria à China não envolveu o *Journal*, mas uma publicação bem menor. E a fonte de controvérsia não foi exatamente o governo chinês, mas o próprio Murdoch.

No início de 2008, foi publicado o livro *Rupert's Adventures in China: How Murdoch Lost a Fortune and Found a Wife* [As aventuras de Rupert na China: como Murdoch perdeu uma fortuna e encontrou uma esposa], escrito por Bruce Dover, um ex-sócio de Murdoch que nos anos 1990 havia sido vice-presidente da News Corp., com base em Pequim.

O livro — que já havia sido resenhado em muitas publicações de negócios na Ásia e na Europa — estava programado para ser tema de uma crítica numa pequena publicação mensal de Hong Kong chamada

Far Eastern Economic Review. Mas esta pertencia à Dow Jones, e portanto a Murdoch.

De acordo com um relato no *International Herald Tribune* em fevereiro de 2008, Hugo Restall, editor da *Far Eastern Economic Review*, designara um jornalista freelance para fazer a crítica do livro, mas desistiu de publicá-la ao perceber que o livro retratava seu novo chefe de maneira desfavorável e dedicava um bocado de espaço ao namoro e subsequente casamento de Murdoch com Wendi Deng.[16]

Em e-mails para Eric Ellis — jornalista australiano freelance com base em Jacarta que escreveria a crítica — Restall escreveu: "Estou com medo disso. Acabei de receber um exemplar do livro e parece mais um trabalho de um ex-funcionário insatisfeito do que uma análise de negócios." Ele se desculpou com Ellis por decidir não publicar a crítica e acrescentou que "deveria ter examinado o livro antes".[17]

Não ficou claro se Murdoch realmente interferiu para abortar a crítica. Mas é questionável que a publicação tenha sequer sido captada pelo radar de Murdoch, considerando que a *Far Eastern Economic Review* — que em seu site diz ter 12.500 assinantes — não é exatamente uma revista muito conhecida ou muito lida.

Entretanto, o sentimento de "medo" de Restall e sua decisão de não publicar a crítica por temer a opinião de Murdoch são sinais nítidos de que, mesmo que Murdoch não interfira oficialmente nos assuntos editoriais de suas publicações, sua fama de ser uma pessoa que faria isso exerce efeito sobre seus funcionários e sobre a maneira como dirigem seus negócios.

Os leitores de suas publicações — incluindo os recém-adquiridos jornais da Dow Jones — provavelmente têm motivos legítimos para temer que a cobertura da China possa ser afetada. Mas Richard Dorfman, da empresa de investimentos Richard Alan, acredita que parte do debate sobre o fato de Murdoch ter um possível efeito prejudicial sobre os jornais é exagerada.

"O leitor médio não vai parar de ler o *Wall Street Journal* nem vai lê-lo de um ponto de vista diferente por achar que Murdoch o está corrompendo. Não acho que o fato de ele ser dono do jornal afetará o número potencial de visitantes do site WSJ.com. A publicação continuará a receber leitores do mundo inteiro interessados em oportunidades de investimentos e em ganhar dinheiro", disse Dorfman. "Murdoch vê oportunidades tremendas para o *Wall Street Journal* no exterior. Pessoas na Europa Oriental ou em outras áreas de crescimento não vão parar de visitar o site por princípio. A história de Murdoch, seu passado, sua política e sua ideologia não afetarão de maneira alguma seus negócios. Estes vão viver ou morrer e sofrer ou prosperar por méritos próprios."[18]

Mas caberá a Murdoch provar que seus oponentes estão errados, dando ao *Wall Street Journal* e a outras publicações da Dow Jones liberdade para publicar reportagens e artigos opinativos que critiquem tanto ele quanto o governo chinês.

À medida que o mercado da China continua a se abrir e que Murdoch busca fazer mais negócios ali — não apenas com a STAR, mas expandindo seu portfólio de bens na internet, como o MySpace — é fundamental que ele cumpra a promessa de independência editorial que fez ao adquirir a Dow Jones.

O teor dos comentários de Murdoch num discurso em Tóquio em novembro de 2006 soou mais como aquele dos comentários feitos em 1993, e que lhe causaram problemas com o governo chinês, do que como suas observações tranquilizadoras feitas nos anos que se seguiram ao discurso sobre "regimes totalitários".

Ele exortou o governo chinês a se abrir ainda mais ao Ocidente. "Todos nós sabemos que a ascensão da Ásia só tem sido possível porque a região está se engajando no mundo. Sem a política de 'portas abertas', a China ainda seria um país fechado em si mesmo, subdesenvolvido, cujas pessoas de talento estariam longe de usar seu potencial. Nas três últimas décadas, a China reivindicou sua grandeza abrindo-se ao mundo. Isso é um exemplo vivo de por que precisamos assegurar que as nações do mundo se abram aos negócios e se abram umas com as outras", disse ele.[19]

Mais adiante em seu discurso, Murdoch tocou na questão da imprensa livre na Ásia e sugeriu que os governos da região precisavam se adequar à mídia da mesma forma que as nações ocidentais. "A liberdade de imprensa é um privilégio de alguns países ou um direito de todos? O fluxo de informações na internet deve ser bloqueado? E quem deveria bloqueá-lo? É possível erguer uma barricada contra o mundo externo? Enquanto a Ásia se desenvolve, tem havido um debate vigoroso sobre valores. Alguns argumentam que o Ocidente tem tentado impor seus valores à região", disse ele, antes de concluir que "uma imprensa livre também obriga empresas, governos e indivíduos a prestar contas. A obrigação de prestar de contas não é um valor ocidental. É uma condição necessária para o sucesso".[20]

Murdoch acrescentou que "a globalização é real e tem sido impressionantemente benéfica. 'Globalização' não é uma palavra da qual devamos nos envergonhar". E concluiu exortando a China a ser tão flexível quanto a Índia a fim de assegurar que aquela possa gozar, a longo prazo, do mesmo tipo de prosperidade econômica desta.[21]

"Há um debate vigoroso sobre as forças e fraquezas relativas da China e da Índia. Mas um fato está fora do debate. O livre fluxo de informações é uma vantagem decisiva num mundo ultracompetitivo. Não há dúvida de que a Índia está produzindo milhares de gerentes capazes de dirigir qualquer empresa no mundo. Também não há dúvida de que esses gerentes impressionantes não teriam se desenvolvido em números tão expressivos se a Índia tentasse impedir o fluxo de fatos ou de opiniões", disse ele.[22]

"Esses são indivíduos sofisticados que serão modelos exemplares para as próximas gerações. As mudanças acontecem rapidamente em nossa era comprimida digitalmente. A velocidade da informação amplia as diferenças e destaca os conflitos. Mas acredito que quanto mais conhecemos uns aos outros, mais compreendemos o quanto temos em comum. E a imprensa livre é decisiva nesse processo", acrescentou Murdoch.[23]

Murdoch estaria simplesmente tentando mostrar a seus detratores que amoleceu com a idade? Provavelmente não. Essas observações mais liberais (pelo menos para Murdoch) provavelmente não impedirão que sua legião de críticos questione como ele usará suas diversas propriedades de mídia para promover seus interesses na China e em outros lugares do mundo. Eles continuarão a procurar sinais de que Murdoch faz uso de sua influência de maneira injusta. E considerando o quanto esse Murdoch sincero está propenso à controvérsia, os céticos provavelmente conseguirão encontrar, com alguma frequência, indícios de algo que desaprovam.

5. Negociando

Parte do que torna Murdoch tão fascinante — além de sua disposição para falar tão bruscamente enquanto muitos outros executivos de mídia evitam controvérsias — é sua necessidade constante de se envolver em uma negociação.

É raro a News Corp. não estar ativamente comprando ou vendendo algo. E, embora essa estratégia tenha ajudado a transformá-la de uma simples empresa jornalística australiana em um gigante da mídia global, a incessante atividade de negociar ocasionalmente leva Murdoch a ter problemas com investidores, sobretudo com aqueles que preferem que ele vá mais devagar e pare de torrar tanto dinheiro.

Murdoch admitiu isso durante comentários numa conferência de mídia do Goldman Sachs em setembro de 2007. Ele brincou afirmando que algumas vezes suas ações têm um desempenho pior do que as de rivais como Walt Disney, Time Warner e Viacom porque os investidores temem qual será sua próxima negociação. "Existe um desconto Murdoch porque todo mundo acha que vou comprar alguma coisa", disse ele com humor.[1]

Na maioria das vezes, a impulsividade de Murdoch o ajuda. Pode-se argumentar que se tivesse passado mais tempo analisando se sua empresa precisava se expandir, ele teria deixado de comprar o MySpace. Se tivesse mais medo do fracasso, talvez Murdoch não tivesse decidido lançar a Fox ou a Fox News. Aqueles que o acompanham de perto dizem que embora ele tenha fama de agir rapidamente — e talvez rapidamente demais algumas vezes — sua flexibilidade para tomar decisões repentinas o ajudou a tornar a News Corp. o gigante que é hoje.

"Estrategicamente, Murdoch tem estado à frente de todos. Ele observa tudo de uma perspectiva mais global do que qualquer outra pessoa nos negócios de mídia", disse Alan Gould, analista que acompanha a News Corp. para o Natixis Bleichroeder, banco de investimentos em Wall Street.[2]

Nesse sentido, Murdoch é um dos últimos magnatas da mídia que têm voz ativa na direção de sua empresa, se não a única voz. O mesmo não acontece em outros gigantes da mídia, provavelmente porque, ao contrário da News Corp., eles não são controlados predominantemente por uma família ou por um grande grupo de acionistas aliados.

Mesmo os dois que o são — a CBS e a Viacom, controladas por Sumner Redstone —, são dirigidos de maneira bem diferente. Em 2006, Redstone dividiu a Viacom em duas empresas distintas de capital aberto. Já a CBS, além da rede de televisão, que é seu carro-chefe, tem um negócio gigante de propaganda em outdoors e rádio, a rede a cabo Showtime e a editora Simon & Schuster. A Viacom é dona do estúdio de cinema Paramount e de redes a cabo voltadas para jovens, como MTV, Nickelodeon e Comedy Central.

Embora ainda seja presidente tanto da CBS quanto da Viacom e o acionista majoritário das empresas, Redstone, se comparado a Murdoch na News Corp., está bem menos ativo no dia a dia da administração e da tomada de decisões nas duas companhias. Há muito tempo no comando da CBS, Leslie Moonves é CEO da empresa e, aos olhos de analistas e investidores institucionais de Wall Street, o seu executivo mais importante. Enquanto isso, na Viacom, Redstone confiou o comando a Philippe Dauman, que havia sido executivo da empresa de 1993 a 2000. Dauman — que saiu para criar a própria empresa de private equity — foi trazido de volta por Redstone em setembro de 2006 para substituir o até então CEO Tom Freston.

Também tem havido bastante turbulência nas equipes executivas de outros grandes concorrentes da News Corp. na mídia. Durante muito tempo CEO da Walt Disney, Michael Eisner enfrentou pedidos para que saísse na primeira metade desta década, depois de a audiência da ABC despencar e as ações da Disney começarem a ter um desempenho ruim, comparado ao de outras empresas de mídia. Eisner acabou sendo forçado a deixar os cargos de CEO e presidente antes de seu contrato expirar, depois de receber votos maciços de não confiança na reunião anual de acionistas da empresa em 2004.

Eisner foi substituído por Robert Iger, um veterano da Disney que tem sido seu polo oposto e, em muitos aspectos, o polo oposto também de Murdoch. Iger tem sido mais um pacificador do que um antagonista, reparando a desgastada relação da Disney com sua parceira de longa data, a Pixar, estúdio de animação por computador fundado por Steve Jobs, da Apple.

A Disney acabou adquirindo a Pixar e, como resultado do negócio, Jobs se tornou membro da diretoria da Disney e maior acionista da empresa. O recente espírito de cooperação entre Disney e Jobs ajudou a companhia a ganhar vantagem sobre outras empresas de mídia no mercado de mídia digital, já que foi o primeiro grande estúdio a permitir que seus programas de TV — e mais tarde os filmes — fossem vendidos no iTunes, popular site da Apple. A News Corp. seguiu o exemplo, fechando acordos com a Apple para a venda de programas de TV, em maio de 2006, e para a venda e aluguel de filmes, em janeiro de 2008.

Um dos principais rivais da News Corp. na mídia, a Time Warner também tinha uma cultura corporativa e um estilo administrativo drasticamente diferentes. Construída por meio de uma série de fusões que criaram um complexo e pesado sistema de comando, a Time Warner era uma organização que muitos analistas e investidores de mídia ridicularizavam, considerando-a lenta demais para agir.

Em 2006, Carl Icahn, ativo investidor e acionista da Time Warner, defendeu a ideia de dividir a empresa em quatro outras organizações, alegando frustração com o fraco desempenho das ações, se comparado ao de rivais como a News Corp. e a Disney. "Uma grande empresa nos negócios de mídia precisa de líderes visionários, não de uma estrutura de conglomerado com sede em Columbus Circle que faça críticas depois de ocorrido o fato", disse Icahn na época em que propôs a reformulação da Time Warner.[3]

Icahn acabou suspendendo os planos de eleger sua própria chapa de diretores no intuito de executar a reforma. E, ironicamente, o novo CEO da Timer Warner, Jeffrey Bewkes, que substituiu Richard Parsons em janeiro de 2008, pode acabar seguindo os conselhos de Icahn. A Time Warner concordou em se desfazer da divisão Time Warner Cable, e Bewkes sugeriu dividir a problemática AOL em duas unidades, o que facilitaria sua venda.

Murdoch, porém, raramente enfrenta oposição ou desafios à sua liderança. Isso, combinado à assistência de seu confiável número dois, Peter Chernin, dá à News Corp., de acordo com investidores, vantagens sobre seus concorrentes.

"A News Corp. é dirigida por dois fortes executivos. Eles a fazem funcionar", disse Morris Mark, presidente da Mark Asset Management, empresa de fundo hedge com sede em Nova York. Mark afirmou que quando a News Corp. quer fazer uma manobra ousada, Murdoch simplesmente vai em frente e joga a cautela para o alto.[4]

Nesse sentido, Murdoch age rapidamente quando enfrenta muitas críticas de acionistas e analistas. Mark disse, por exemplo, que quando a Time Warner finalmente decidiu, em 2005, parar de cobrar uma taxa mensal dos assinantes da banda larga da AOL, a medida foi considerada meses, se não anos atrasada, pela maioria dos observadores de mídia. "Se Murdoch fosse o dono da AOL", disse Mark, "não demoraria tanto tempo para tomar essa decisão". "Não acho que Murdoch teria uma reunião de comissão. Ele simplesmente o faria."[5]

E quando Murdoch comprou companhias apenas para vendê-las mais tarde, fez isso muitas vezes em benefício dos acionistas da empresa, o que pode ser dito a seu favor. Em 1995, ele vendeu por US$ 55 milhões o jornal nova-iorquino alternativo *The Village Voice*, que comprara em 1977 por apenas US$ 7,6 milhões. Conseguiu usar uma parte dos ganhos com a venda para ajudar a financiar o lançamento da rede de televisão Fox, um ano depois. Em 1983, a News Corp. comprou o *Chicago Sun-Times* por US$ 90 milhões. Três anos depois, vendeu o tabloide por US$ 145 milhões.

Mais recentemente, em 1997, a Fox Kids Worldwide, um empreendimento conjunto da News Corp. com a Saban Corp., empresa que sindicaliza programas de TV para crianças, adquiriu a International Family

Entertainment Inc., canal a cabo do televangelista Pat Robertson, por US$ 1,9 bilhão. Em 2001, a News Corp. e a Saban voltaram atrás e venderam a empresa — na época conhecida como Fox Family Worldwide — para a Walt Disney por US$ 5,2 bilhões em dinheiro e dívidas assumidas.

Murdoch também fez sábios investimentos que complementaram outros negócios da News Corp. O valor das ações da NDS — empresa de tecnologia fundada em Israel, da qual a News Corp. tinha 72% até sua privatização em 2008 — quase dobrou depois de a NDS abrir seu capital, em 1999. A News Corp. e a empresa de private equity Permira concordaram em privatizar a NDS em junho. A News Corp. reduziu sua participação na NDS a 49%, como parte da transação, vendendo uma fatia da empresa à Permira por aproximadamente US$ 1,7 bilhão.

"Trata-se de uma joia que não foi descoberta", disse Daniel Meron, analista do banco RBC Capital Markets em março de 2007, referindo-se à NDS. "A NDS está muito bem posicionada num mercado em crescimento e tem uma excelente equipe administrativa. Mas poucas pessoas a conhecem."[6]

Com sedes no Reino Unido e em Nova York, a NDS desenvolve tecnologias como *smart cards* de TV digital, que armazenam informações para permitir que o consumidor assista a programas, softwares para decodificadores de TV a cabo e gravadores digitais de vídeo (DVR) para empresas de TV a cabo, de TV por satélite e de telefonia em várias partes do mundo. Nesse sentido, a NDS compete com empresas semelhantes como a TiVo e com subsidiárias dos gigantes de tecnologia Motorola e Cisco Systems.

O maior cliente da empresa é a DirecTV, que até 2008 era um investimento considerável da News Corp. Em 2005, a NDS substituiu a TiVo como fornecedor exclusivo de gravadores digitais de vídeo a novos assinantes da DirecTV. Depois da DirecTV, a BSkyB e a Sky Italia são os maiores clientes da NDS. Em outras palavras, Murdoch tem internamente um fornecedor de tecnologia de ponta, o que significa que não precisa negociar com empresas semelhantes como TiVo, Motorola e Cisco.

Entretanto, caminhos desimpedidos e aquisições ousadas nem sempre ajudaram sua empresa. Muitas vezes ele precisou voltar atrás em suas compras apenas alguns anos depois de concluí-las.

Mais notadamente, uma agressiva profusão de aquisições no fim dos anos 1980 quase levou a News Corp. à ruína financeira. Em 1988, a companhia adquiriu a Triangle Publications, empresa de mídia do filantropo Walter Annenberg, por quase US$ 3 bilhões. Foi a maior aquisição da News Corp. até então, e não é de surpreender que vários analistas tenham achado que Murdoch estava pagando demais pela empresa.

Murdoch reconheceu o valor do conjunto de revistas da Triangle, particularmente o *TV Guide*, que muitos críticos temeram que ele usasse para promover injustamente a programação da Fox em detrimento de outras redes. A Triangle também possuía as revistas *Daily Racing Form* e *Seventeen*.

Entretanto, a Triangle foi adquirida apenas um ano depois de Murdoch fazer vários outros grandes negócios, incluindo a compra da editora Harper & Row por US$ 300 milhões, do jornal *South China Morning Post* por cerca de US$ 230 milhões e ainda de uma participação minoritária na Pearson, empresa que publica o *Financial Times* (e que é dona da editora original deste livro, a Penguin Group).

Os gastos excessivos nessas compras não foram a única cruz de Murdoch. Ele fazia essas aquisições agressivas num momento em que também investia pesado em seu incipiente negócio de televisão por satélite no mundo — investimentos que exigiram um bocado de capital inicial.

Em 1989, a News Corp. lançou a Sky Television no Reino Unido. Para financiar tal expansão, bem como a aquisição da Triangle, Murdoch foi obrigado a contrair dívidas pesadas, precisamente no momento errado. Isso porque os mercados de crédito globais estavam em turbulência em virtude da exposição dos bancos a empréstimos imobiliários ruins.

Em 1990, a News Corp. tinha dívidas de mais de US$ 7 bilhões, das quais um terço era de curto prazo, que seriam pagas em um ano. Houve muita especulação de que Murdoch talvez precisasse fazer uma venda de liquidação para honrar suas dívidas e de que mesmo bens como a rede e o estúdio de cinema Fox, ou a HarperCollins, poderiam ser vendidos. A cotação das ações da News Corp. (negociadas pela primeira vez em 1987) no mercado de Nova York despencou quase 75% entre meados de julho de 1990 e janeiro de 2001.

No fim das contas, como os credores negociaram grande parte da dívida, Murdoch foi poupado da necessidade de fazer uma venda maciça de seus bens mais atraentes ou, pior, de ter que declarar falência. Ele também conseguiu reduzir a tensão competitiva enfrentada pela Sky Television, fundindo-a com a rival British Satellite Broadcasting para criar a British Sky Broadcasting, ou BSkyB, com a News Corp. no controle de metade da nova entidade.

Murdoch, porém, teve que desistir de grande parte do que comprara da Triangle apenas alguns anos antes. Em 1991, a News Corp. vendeu para a Primedia, por cerca de US$ 650 milhões, a *Seventeen* e a *Daily Racing Form*, além de várias outras revistas adquiridas nos anos anteriores — incluindo a *New York*, a *Soap Opera Digest*, a *Soap Opera Weekly* e a *Premiere*. Ele também vendeu a maioria das publicações de negócios que comprara nos anos 1980, além de grande parte de seus jornais americanos.

Murdoch evitara uma catástrofe total e, no futuro, teria o cuidado de não contrair dívidas excessivas para financiar sua ambição de construir um império. Mas nem mesmo a quase falência mudaria completamente sua maneira de negociar.

"Se eu acho que ele aprendeu com seus erros? Não sei. Um leopardo não consegue mudar sua natureza", diz Dorfman. "Ele é um incrível visionário, mesmo nessa fase de sua carreira. Tem seu pulso na indústria e consegue ver coisas à frente da maioria. Mas isso pode ser uma faca de dois gumes. Ele é um apostador. Não hesita nem um pouco em se encher de dívidas, nem nunca hesitou. E isso o prejudicou em alguns momentos."[7]

116 A cabeça de Rupert Murdoch

Seriam necessários vários anos após a venda de grande parte de suas publicações para a News Corp. recuperar completamente o equilíbrio financeiro e o preço de suas ações. Mas em meados dos anos 1990, Murdoch estava novamente pronto para voltar a negociar e fazer pesados investimentos. E novamente algumas compras e negócios funcionaram melhor do que outros.

Em 1993, a empresa pagou aproximadamente US$ 525 milhões por uma participação majoritária na STAR, um importante fornecedor de canais de televisão na Ásia, com sede em Hong Kong. A unidade, juntamente com as grandes divisões de TV por satélite Sky Italia e BSkyB, cresceu muito sob o domínio da News Corp. e se tornou uma parte significativa do sucesso internacional da empresa.

Em 2007, no entanto, o crescimento da STAR decresceu, particularmente na Índia, levando Murdoch a limpar a casa. Em janeiro de 2007, a News Corp. anunciou que Michelle Guthrie, CEO da STAR que estava à frente da rede há mais de seis anos, seria substituída por Paul Aiello, ex-banqueiro de investimentos do Morgan Stanley que ingressara na STAR em 2006.

Logo depois da saída de Guthrie, a News Corp. anunciou que também deixavam a empresa dois altos executivos da STAR India, Peter Mukerjea e Sameer Nair.

A reestruturação seria concluída mais tarde, ainda em 2007, quando a News Corp. anunciou que o filho mais novo de Murdoch, James, CEO da BSkyB desde 2003, seria o novo presidente e CEO das operações da News Corp. na Europa e na Ásia, o que lhe daria a responsabilidade de supervisionar a STAR, a News International UK, a Sky Italia e a News Corporation Europe. James Murdoch havia sido presidente e CEO da STAR de 2000 a 2003.

Ao discursar numa conferência de investimentos do Citigroup em janeiro de 2008, Peter Chernin explicou com franqueza que as mudanças na STAR eram necessárias para que a divisão voltasse a crescer. Falou também sobre como a empresa havia se acomodado, particularmente na Índia, em virtude de sua posição de liderança. Isso levou a STAR a perder espaço no mercado para sua principal rival, a ZEE Television.

"Cometemos alguns erros e fizemos algumas coisas estúpidas, mas os reconhecemos. Investíamos pouco em novos canais. Quando você tem uma posição dominante num mercado novo, não é hora de saborear o sucesso. Esta é uma das regiões de maior crescimento no mundo, e há ocupação de espaços neste exato momento. Há muitas oportunidades na Índia, e queremos ser a empresa de mídia número 1 dentro de alguns anos", disse Chernin.[8]

Os problemas na STAR são um raro exemplo da perda de foco de Murdoch num mercado emergente. Mas ele agiu rapidamente para obter um crescimento lento antes que a situação chegasse a um ponto em que já não fosse economicamente viável continuar a ser um importante jogador na Índia.

Murdoch, porém, não teve tanta sorte em sua incursão em outros negócios no fim dos anos 1990 e na primeira metade dos anos 2000, o que levou alguns observadores a novamente imaginar se ele havia ampliado a News Corp. de maneira exagerada.

Em 1998, o grupo Fox, subsidiário da empresa, comprou por US$ 311 milhões o time de beisebol Los Angeles Dodgers da família O'Malley, que sempre fora desprezada pelos moradores do Brooklyn por tirar o time de Nova York e levá-lo para a Califórnia, em 1957.

A News Corp. lutou para ganhar dinheiro com o Dodgers e, para piorar as coisas, foram feitas algumas mudanças na equipe que irritaram muitos fãs leais.

Sob o controle de Murdoch, o Dodgers vendeu o jogador Mike Piazza, uma estrela, para o Florida Marlins em maio de 1998. Em junho desse mesmo ano, o time também demitiu o gerente Bill Russell, que jogou no Dodgers durante seus 18 anos de carreira. Em dezembro de 1998, o time assinou um contrato de sete anos no valor de US$ 105 milhões com o arremessador Kevin Brown, tornando-o, na época, o primeiro jogador de uma liga nacional com um contrato de longo prazo superior a US$ 100 milhões.

Inúmeros jornalistas esportivos, provavelmente obtendo suas informações na imprensa financeira, consideraram o contrato exorbitante para um jogador que muitos julgavam não estar em sua melhor forma. Brown jogou bem no primeiro ano no Dodgers, mas depois disso contusões passaram a limitar sua eficiência. Em 2003, ele foi vendido para o New York Yankees e desde então vários jornalistas de beisebol consideraram sua contratação um dos piores negócios da história do esporte.

Após seis temporadas medíocres — o Dodgers teve 509 vitórias e 463 derrotas de 1998 a 2003 e não se classificou para a fase decisiva em nenhuma dessas temporadas — a News Corp. vendeu o time para o empreendedor imobiliário Frank McCourt em outubro de 2003.

Embora a News Corp. tenha conseguido vender o time por um valor bem superior ao que pagara — US$ 430 milhões — Murdoch não pôde se gabar aos acionistas que conseguira um bom retorno para eles. Afinal de contas, a News Corp. gastou cerca de US$ 50 milhões para reformar o Dodger Stadium enquanto este pertencia à empresa. Além disso, alegou ter perdido mais de US$ 60 milhões por ano com o time durante os cinco anos em que o teve sob seus negócios. O time do uniforme azul cujo tom ganhou seu nome — *Dodger blue* — deixou Murdoch no vermelho.

Além disso, um dos principais argumentos de Murdoch para ser dono do Dodgers era dar à News Corp. controle sobre uma programação maior, o que poderia ajudar a empresa a transformar seu grupo regional de canais de esporte a cabo num legítimo concorrente nacional da poderosa ESPN, da Walt Disney. Embora as redes nacionais de esportes tenham continuado a dar bons resultados para a News Corp., a Fox Sports ainda não alcança o poder e a lucratividade da ESPN. Portanto é difícil considerar um sucesso a incursão de cinco anos da News Corp. no esporte profissional.

A experiência com o Dodgers é, de muitas maneiras, um exemplo perfeito de como algumas vezes Murdoch entra em negócios que ele não domina — empresas que não faturam o que seus acionistas esperam de seus principais negócios. É, também, um testemunho da disposição de Murdoch de correr riscos enormes. Mas riscos enormes frequentemente trazem fracassos enormes. E nenhum deles é mais evidente do que o terrível investimento da News Corp. na *TV Guide*.

A *TV Guide* é uma revista que Murdoch adquiriu da Triangle Publications em 1988 e que acabou mantendo depois do êxodo em massa de revistas induzido pela necessidade financeira, em 1991.

Em 1998 Murdoch finalmente desistiu do controle sobre a publicação e concordou em vendê-la por US$ 2 bilhões para o United Video Satellite Group, um importante fornecedor de guias de televisão interativos nas telas. Como parte do negócio, a News Corp. recebeu 40% de participação acionária, o que representava 48% de direito de voto na nova empresa, mais tarde rebatizada de TV Guide Inc.

O outro grande acionista da nova entidade era a unidade Liberty Media da Communications Inc., empresa de mídia controlada pelo antigo aliado e futuro rival John Malone, presidente da Liberty Media. Apenas alguns meses depois, a TV Guide Inc. foi adquirida pela Gemstar, principal concorrente da United Video Satellite, num negócio que chegou a incríveis US$ 9,2 bilhões. Isso deu à News Corp. uma participação de 20% na empresa combinada, mais tarde rebatizada de Gemstar-TV Guide.

Na época, Murdoch pareceu um gênio. Teoricamente, ele conseguiu provar que seu instinto havia sido bom ao comprar a *TV Guide* de Annenberg em 1988. E em setembro de 2000, a News Corp. e a Liberty Media fizeram um complexo *swap* de ações que deu à News Corp. a posse do estoque da Liberty na Gemstar-TV Guide. O acordo elevou a participação da News Corp. na Gemstar-TV Guide a pouco mais de 40%; participação esta avaliada em aproximadamente US$ 12 bilhões na época.

Murdoch viu o investimento na Gemstar como uma maneira de dominar a "nova mídia" equivalente à *TV Guide*, já que um número maior de telespectadores recorria a guias eletrônicos para ver a programação, e não a revistas como a *TV Guide* nem a jornais locais.

"O mundo está começando a reconhecer o poder e a capacidade do guia de programação eletrônica patenteado da Gemstar", disse Murdoch numa teleconferência com repórteres e analistas. "Nosso domínio maior sobre a Gemstar-TV Guide nos dá a oportunidade de obter controle sobre a administração dessa empresa no futuro, bem como uma participação maior no que acreditamos que será uma indústria de grande crescimento."[9]

Murdoch, no entanto, não teve muito tempo para comemorar. No fim de 2000, as ações da Gemstar-TV Guide, bem como de muitas outras tecnologias e outros tipos de mídia, despencaram no rastro da falência de iniciativas de tecnologia, telecomunicações e internet. As ações da Gemstar, que eram comercializadas por US$ 90 em outubro de 2000, caíram para US$ 2,55 em setembro de 2002. Como resultado, a News Corp. teve uma queda de cerca de US$ 6 bilhões no valor dos ativos de seus investimentos na Gemstar-TV Guide em 2002.

Para piorar as coisas, denúncias de trapaças contábeis se abateram sobre Henry Yuen, CEO da Gemstar, em 2002. Yuen foi demitido em 2003. Ele e outros funcionários da Gemstar foram acusados formalmente pela Security and Exchange Commission — SEC* americana de exagerar o valor da receita da empresa entre março de 2000 e setembro de 2002. Em 2006, Yuen foi responsabilizado por fraude financeira.

Esse foi um golpe constrangedor para Murdoch, que na edição da revista *BusinessWeek* de março de 2001 considerara Yuen "um estrategista brilhante" que "tem mostrado uma nova maneira de raciocínio anticonvencional".[10] As ações da Gemstar nunca se recuperaram do escândalo financeiro, e Murdoch acabou se livrando do desastre da Gemstar-TV Guide em 2007. Em julho daquele ano, a empresa foi posta à venda, e em dezembro a Macrovision, fabricante de softwares de proteção a direitos

---

* Equivalente à Comissão de Valores Mobiliários brasileira. (N. do E.)

autorais, concordou em comprá-la por US$ 2,8 bilhões, o que significa que a participação da News Corp. foi avaliada em apenas cerca de US$ 1,1 bilhão.

Um analista sugeriu que a disposição de Murdoch para finalmente jogar a toalha no caso Gemstar foi um sinal para os investidores de que ele era homem o bastante para assumir seus erros. Afinal de contas, eles estavam cada vez mais céticos em relação à sua oferta de US$ 5 bilhões à Dow Jones. Assim, a decisão de se desfazer de um investimento — ainda que com uma perda — foi uma notícia bem-vinda. Mostrou que Murdoch percebeu que recuar em algumas áreas não centrais era a coisa certa a fazer num momento em que ele se expandia em outras áreas.

"Não é difícil separar a decisão de vender a Gemstar do que está acontecendo na News Corp. Embora eu não ache que a oferta à Dow Jones seja a motivação por trás disso, Murdoch pode estar neutralizando a opinião em Wall Street de que ele é louco por aquisições", disse Alan Gould, analista do banco de investimentos Natixis Bleichroeder.[11]

Mas, estranhamente, é provável que a grande perda associada à *TV Guide* não tenha sido a pior parte do infeliz investimento de Murdoch na Gemstar. O negócio da Gemstar abriu as portas para John Malone obter uma maior participação acionária na News Corp., investimento que ele poderia ter usado para extrair de Murdoch e sua família o controle sobre a empresa. Murdoch não deixaria isso acontecer. Mas o sacrifício final para afastar Malone foi abrir mão dos esforços da News Corp. de se firmar no lucrativo mercado da televisão por satélite americana apenas alguns anos depois de entrar.

Para Murdoch, não haveria repetição do sucesso da BSkyB e da Sky Italia nos Estados Unidos.

Eis como, graças à sua disposição de dar grande participação acionária a Malone, Murdoch se organizou e em seguida foi rapidamente forçado a vender a participação majoritária da News Corp. na DirecTV, um bem que ele ambicionara durante anos.

Em abril de 1999, Murdoch vendeu parte da News Corp. à Liberty Media, de Malone, em troca dos 50% que Malone possuía no grupo de redes de esportes regionais da Fox/Liberty. Numa transação à parte, Malone concordou em comprar os 5% da News Corp. que pertenciam à empresa de telecomunicações MCI. No cômputo geral, os dois negócios deram a Malone 8% da News Corp. Na época, Murdoch não demonstrou preocupação por ter Malone como um importante investidor.

"Estamos particularmente satisfeitos por termos a confiança de John Malone. Há muito tempo o Dr. Malone é o mais bem-sucedido estrategista de nossa indústria. Sua decisão de aceitar o estoque da News [Corp.] em consideração por sua posição de controle é o endosso mais forte possível à nossa atual direção estratégica, bem como às nossas perspectivas futuras", disse Murdoch numa declaração em abril de 1999.[12]

Na verdade, Murdoch até queria dar a Malone mais controle sobre a empresa, de modo que a News Corp. pudesse obter uma participação maior na Gemstar-TV Guide. Como parte do negócio de setembro de 2000 envolvendo a aquisição pela News Corp. da parte da Liberty na Gemstar-TV Guide, a News Corp. deu em troca a Malone aproximadamente 121,5 milhões de ações sem direito a voto da News Corp., aumentando, portanto, a participação deste na News Corp. a 20% e tornando-o o segundo maior acionista, depois da família Murdoch.

Malone e Murdoch continuaram coexistindo pacificamente por mais ou menos um ano, o que permitiu a Murdoch iniciar seu movimento para comprar da Hughes Corporation, da General Motors, uma participação majoritária na rede de televisão por satélite americana DirecTV.

Considerando o sucesso da BSkyB e da Sky Italia, era óbvio que Murdoch tentava repetir esse sucesso no país que ele agora chamava oficialmente de sua terra.

Em 1997, a News Corp. propôs comprar uma participação de 40% da EchoStar Communications, operadora da DISH Network. Charlie Ergen, fundador da EchoStar, concordou, mas a News Corp. voltou atrás depois de parecer que os órgãos reguladores dos EUA não aprovariam o negócio. Em seguida, a EchoStar processou a News Corp., pedindo US$ 5 bilhões, e esta respondeu com outro processo. As duas empresas entraram em acordo em 1998. A News Corp. recebeu 24 milhões de novas ações do estoque da EchoStar em troca de dois satélites.

As duas empresas se enfrentaram novamente em 2001. Ambas fizeram ofertas à Hughes, que desprezou a News Corp. e aceitou a oferta de Ergen. Entretanto, a Comissão Federal de Comunicações e o Departamento de Justiça se recusaram a aprovar o negócio, por preocupações antitruste. Muitas redes de TV religiosas se opuseram fortemente ao negócio com o argumento de que uma fusão entre a Hughes e a EchoStar criaria um monopólio que limitaria a quantidade de programas religiosos disponíveis na televisão por satélite. Críticos de Murdoch disseram que ele foi uma das principais forças de mobilização por trás do intenso lobby contra o acordo.

Em abril de 2003, Murdoch finalmente conseguiu uma cobiçada fatia do mercado americano de satélites. Ele anunciou que a News Corp. estava adquirindo da General Motors 9,9% da Hughes Electronics, subsidiária da GM negociada em separado. Adquiria também mais 14,1% provenientes de outros acionistas públicos e de fundos de pensão da GM, por US$ 6,6 bilhões em dinheiro e ações. A participação total de 34% na Hughes daria efetivamente à News Corp. e à sua subsidiária Fox o controle da unidade DirecTV, o maior fornecedor de televisão por satélite do país. Depois de fechar o negócio, a News Corp. planejou transferir sua participação na Hughes para o Fox Entertainment Group, um estoque negociado em separado que a News Corp. gerara em 1998 e do qual possuía mais de 80%.

Murdoch ficou radiante com o acordo e previu imediatamente que o sucesso da News Corp. nos negócios de televisão por satélite no exterior se repetiria nos Estados Unidos. "Os benefícios serão percebidos quase que imediatamente na concorrência que isso representará em TV a cabo, nos serviços melhores que fornecerá aos telespectadores americanos e no valor que criará para os acionistas da Fox, da News Corp. e da Hughes", disse ele num boletim de imprensa.[13]

Murdoch continuou a expressar entusiasmo com o negócio e parecia ver aquela como sua aquisição mais significativa até então.

"Com uma participação significativa da Fox na Hughes, estamos formando o que acreditamos que será a principal empresa de entretenimentos diversificados nos Estados Unidos, com liderança em cinema, produção e transmissão de televisão, programação a cabo e, agora, distribuição de TV por assinatura", concluiu ele.[14]

Mas Murdoch também sabia que enfrentaria uma dura batalha para que o negócio fosse aprovado pelos órgãos reguladores dos EUA. Já houvera oposição a seus planos de comprar uma parte da EchoStar. Além disso, sua atitude de ajudar a impedir o acordo EchoStar-Hughes claramente fizera de Ergen um inimigo ainda maior, e era muito provável que este se manifestasse enfaticamente contra permitir que Murdoch e a News Corp. obtivessem uma participação majoritária em sua principal rival.

Percebendo isso, Murdoch rapidamente prosseguiu com a ofensiva, apregoando os potenciais benefícios do acordo com a Hughes para os consumidores americanos, numa tentativa de reduzir qualquer preocupação de que o crescente império de mídia da News Corp. prejudicasse a concorrência.

"A combinação dos bens de conteúdo valioso da Fox com a plataforma de distribuição da DirecTV vai trazer benefícios significativos para os consumidores e melhorar muito os futuros negócios das duas empresas. Com quase 15 anos de experiência obtida em nossas plataformas de TV por assinatura no mundo, incluindo a líder da indústria BSkyB, temos confiança em nossa capacidade de fazer esse bem crescer rapidamente, de maneira compensadora e coerente com o espírito competitivo que tem guiado a News Corp. há meio século. Desde o primeiro dia, temos prometido disponibilizar nossa programação a todos os distribuidores de canais com preços, termos e condições não discriminatórios, e ao mesmo tempo abrir a plataforma da DirecTV a todos os programadores concorrentes", disse Murdoch no dia do anúncio do negócio com a Hughes.[15]

No fim das contas, Murdoch não teve dificuldade para convencer os órgãos reguladores de que o acordo deveria ser aprovado. E, em 19 de dezembro de 2003, o Departamento de Justiça e a Comissão Federal de Comunicações deram suas bênçãos à transação. A compra foi fechada três dias depois. Finalmente Murdoch tinha o que desejava há vários anos: acesso ao mercado americano de distribuição de TV por satélite. Era um negócio lucrativo, mas que também significava dar a ele e às emissoras de TV a cabo da News Corp. — como Fox News, FX e seus canais locais de esporte — um importante aliado para negociar outros acordos favoráveis de transmissão.

Murdoch ficou exultante por finalmente obter o controle sobre a indústria de satélite americana. Em seus comentários na reunião anual de acionistas da empresa, dois meses antes da aprovação do acordo, ele disse que "a prevista conclusão da transação com a DirecTV marcará o auge de uma longa busca de nossa empresa por oferecer o elo perdido numa plataforma de televisão por satélite global que se espalhará pelos quatro continentes e abarcará, de início, 23 milhões de assinantes. Tudo isso nos dará, acredito, o equilíbrio perfeito de bens para uma empresa de mídia, a combinação certa de renda com assinatura e propaganda, a combinação certa de conteúdo e negócios de distribuição e uma amplitude geográfica ainda não alcançada por nenhuma empresa de mídia no mundo".[16]

Mas coisas estranhas aconteceram logo depois de a News Corp. concluir a compra de sua participação majoritária na DirecTV. A concorrência no mercado de televisão a cabo e por satélite se tornou muito mais intensa do que Murdoch jamais imaginara, e seu velho amigo John Malone começou a agir como um acionista que tinha mais do que apenas uma participação passiva na administração da empresa.

Quando a News Corp. adquiriu sua participação na Hughes Electronics, rebatizada em seguida de DirecTV Group, Murdoch imaginou que a DirecTV conseguiria competir efetivamente com o cabo no mercado de acesso à internet de banda larga.

Em testemunho à Comissão da Câmara dos EUA para o Judiciário, durante uma audiência sobre a concorrência na indústria de televisão por satélite, em maio de 2003, Murdoch falou abertamente sobre como a News Corp. planejava ser líder na iniciativa de disponibilizar serviços de internet em alta velocidade aos assinantes.

"A News Corp. vai trabalhar agressivamente para ampliar os serviços já fornecidos pela Hughes a fim de disponibilizar a banda larga em todos os Estados Unidos, particularmente nas áreas rurais. As soluções de banda larga para todos os americanos podem vir de uma parceria com outros provedores de banda larga por satélite, provedores de DSL [telefonia digital], ou novos potenciais provedores de banda larga que usam banda larga em sistemas de rede elétrica, ou podem vir de outras tecnologias que estejam surgindo. A News Corp. acredita que é essencial que os consumidores tenham opções de banda larga entusiasmadoras para competir em capacidade, qualidade e preço com os serviços de vídeo e banda larga a cabo", disse Murdoch.[17]

Nesse sentido, a DirecTV e a gigante de telecomunicações Verizon Communications anunciaram, em janeiro de 2004, uma parceria na qual a Verizon forneceria pacotes de telefone e internet que incluiriam serviço de televisão por satélite da DirecTV. A EchoStar fez um acordo semelhante com a SBC Communications, companhia telefônica que mais tarde compraria a AT&T e a BellSouth, passando a se chamar AT&T.

O problema de Murdoch, porém, foi o fato de as companhias telefônicas não se contentarem simplesmente em incluir o serviço de televisão por satélite no pacote de serviços de telefone e acesso digital à internet de alta velocidade. Empresas líderes de TV a cabo, como Comcast, Time Warner Cable, Cox, Charter Communications e Cablevision atacaram os clientes da Verizon e da AT&T oferecendo seus próprios serviços de telefone digital além de seus serviços normais de TV e acesso à internet de banda larga em alta velocidade.

O pacote triplo de telefone, TV e acesso à internet era uma oferta atraente para muitos consumidores, e as companhias telefônicas decidiram contra-atacar não apenas para conter as perdas que enfrentavam em seus negócios de telefonia convencional, mas também para atrair os consumidores de TV a cabo e banda larga.

Em 2005, a Verizon lançou seu próprio serviço de televisão, conhecido como FiOS TV, que funcionava na rede de fibra ótica cuja construção lhe custara bilhões de dólares. De maneira semelhante, a AT&T (na época ainda conhecida como SBC) preparou sua própria televisão com sistema de fibra ótica, conhecida como U-verse. De repente, a necessidade de parceria com a DirecTV não era mais urgente para as companhias telefônicas. E não só isso: os novos serviços televisivos da Verizon e da AT&T pretendiam competir com a DirecTV e a EchoStar, bem como com os gigantes de TV a cabo estabelecidos.

A nova onda de concorrentes criou problemas para a DirecTV. Em 2004, as margens de lucro decepcionaram alguns investidores, que acharam que a empresa gastava demais para obter novos assinantes e não fazia um trabalho eficiente o bastante para manter os assinantes existentes. No quarto trimestre de 2005, a empresa informou que o número de novos assinantes estava abaixo das expectativas de Wall Street. As ações da DirecTV mal se alteraram em 2004 e caíram mais de 15% em 2005. Não era isso que Murdoch imaginara ao assumir o controle da empresa.

Bill Jacobs, analista da Oakmark Funds, uma grande empresa de fundos de investimentos com sede em Chicago e proprietária de ações da DirecTV, disse em março de 2006 que uma maneira de a DirecTV fazer um trabalho melhor para enfrentar os desafios da concorrência de empresas de telecomunicações e TV a cabo era retomar o diálogo com a EchoStar sobre algum tipo de combinação.

Jacobs afirmou que agora talvez fosse mais fácil para a DirecTV comprar a EchoStar, uma vez que o advento dos serviços de televisão da Verizon e da AT&T tornava mais difícil argumentar que a combinação da DirecTV com a EchoStar violaria leis antitruste. Ele admitiu que a história de desavenças entre Murdoch e Ergen complicava a situação, mas achava que os dois poderiam deixar suas diferenças de lado para se concentrarem em seus inimigos comuns nos negócios de telecomunicações e TV a cabo.

"Aparentemente, agora há uma relação muito melhor entre Murdoch e Ergen. Ambos veem a banda larga como um poço de dinheiro. Acho que faz sentido eles trabalharem juntos", disse Jacobs. Entretanto, as duas empresas nunca tiveram qualquer conversa mais séria sobre fusão ou aliança de negócios, e ambas apenas assistiram, enquanto as empresas de telefone e TV a cabo continuavam a ganhar mais assinantes.[18]

Murdoch teria algum consolo quando a sorte da DirecTV mudou, em 2006, graças a um esforço concentrado para adquirir assinantes de qualidade mais elevada (descartando clientes em potencial com um histórico ruim de pagamento). Além disso, o investimento da DirecTV em satélites de alta definição começava a compensar, na medida em que a empresa oferecia mais canais com alta definição do que as empresas de telefone e cabo, fato que não foi esquecido nas campanhas de marketing da DirecTV.

Porém, ainda era muito pouco e tarde demais para Murdoch. No fim de 2006, ele enfrentou uma decisão sobre a DirecTV que em 2003 não esperava ter de enfrentar: abrir mão de sua participação no mercado americano de satélite ou se arriscar a perde o controle de toda a sua empresa para Malone. A escolha foi óbvia.

Em janeiro de 2004, apenas um mês depois de a News Corp. concluir a compra de sua participação na DirecTV, Malone empreendeu a primeira de várias ações destinadas a mostrar a Murdoch que queria ter uma voz mais ativa nas decisões da News Corp.

Em 21 de janeiro de 2004, a Liberty Media de Malone revelou que adquirira 17% da News Corp. e — o que interessava mais a Murdoch — 9,15% de ações da empresa com direito a voto. A Liberty comprara 22 milhões de ações com pleno direito de voto e trocara suas ações de votação limitada por ações com direito a voto, ficando com um total de 48 milhões de ações com direito a voto. Possuía também 210,8 milhões de ações com poder de voto limitado. Como resultado do negócio, era agora a maior acionista da News Corp. e tinha a segunda maior participação nas votações, perdendo apenas para a família Murdoch.

A Liberty não manifestou publicamente qualquer insatisfação com a News Corp. nem com Murdoch ao anunciar sua nova participação acionária. "Capitalizamos em cima de uma oportunidade de trocar ações sem direito a voto por ações com direito a voto a preços atraentes para nos tornarmos o segundo maior bloco de votação em uma das principais empresas de mídia do mundo", disse o presidente e CEO da Liberty Media, Robert Bennett, em declaração, acrescentando que "a News Corp. é uma das poucas empresas realmente globais, e estamos muitos satisfeitos por conseguirmos potencializar nossa substancial participação acionária na News Corp. com mais ações e direito a voto".[19]

Entretanto, ficou claro para analistas de mídia que Malone e Liberty tentavam forçar Murdoch a vender ou trocar alguns bens da News Corp. que Malone cobiçava para seu próprio império de mídia, ou seja, a DirecTV. Em resumo, Malone sinalizava estar disposto a vender de volta as ações com direito a voto que comprara se a News Corp. lhe cedesse algumas propriedades para sua empresa.

Numa entrevista ao *Financial Times* em abril de 2004, Malone confirmou que, de fato, essa era sua estratégia. "Há certos pequenos bens que achamos que se encaixam melhor na Liberty do que na News Corp.", disse ele. "Poderíamos trocar pequenas quantidades de nossas ações da News Corp. por esses bens."[20]

Esse confronto aconteceu num momento inoportuno para a News Corp., uma vez que a empresa acabara de anunciar planos de se reincorporar nos Estados Unidos, decisão que, Murdoch esperava, facilitaria o acesso a mercados de capital americanos e aumentaria a capacidade da empresa de atrair potenciais firmas de administração de dinheiro com sede nos EUA. Mas, ao tomar essa decisão, Murdoch irritou algumas pessoas em sua Austrália natal. Elas viram a reincorporação da empresa nos Estados Unidos como sinal de que Murdoch já não considerava a Austrália um mercado importante para a News Corp.

Portanto, Murdoch tinha a ingrata tarefa de assegurar que seus antigos investidores na Austrália não se desfizessem de suas ações — garantindo que não estava voltando as costas para eles — e também de se preparar para o que poderia se tornar uma luta desagradável com Malone envolvendo o futuro da empresa.

Murdoch conseguiu que seus acionistas aprovassem a reincorporação nos Estados Unidos em 26 de outubro de 2004. Mas, em 3 de novembro desse mesmo ano, Malone disparou uma nova rajada, anunciando que a Liberty Media planejava vender 84,7 milhões de ações sem direito a voto da News Corp. para o banco Merrill Lynch em troca de ações Classe B da News Corp. com pleno direito a voto. Quando fosse concluída, essa transação daria a Malone 17% de ações da empresa com direito a voto e tornaria mais difícil para Murdoch exercer controle total sobre a empresa.

A manobra aparentemente enfureceu Murdoch, e não demorou muito para que ele agisse. Em 8 de novembro de 2004, apenas três dias antes da conclusão de sua reincorporação nos Estados Unidos, a News Corp. anunciou um plano de direitos do acionista, popularmente conhecido em Wall Street como "pílula de veneno".

Os planos de direitos do acionista se destinam a impedir tomadas de controle hostis. Ao instituir seu plano, Murdoch claramente demonstrava preocupação com o fato de que Malone pudesse agir para adquirir mais ações da News Corp. com o objetivo de obter uma participação majoritária. Como parte de sua pílula de veneno, a empresa afirmou que se outra entidade tentasse adquirir mais de 15% da News Corp., os acionistas teriam o direito de comprar mais ações com desconto. Quando uma empresa inunda o mercado com mais ações dessa maneira, a esperança é conseguir impedir uma tomada de poder por outra entidade, uma vez que esta enfrentaria repentinamente uma participação acionária diluída, além de ter que dispor de mais dinheiro para comprar as participações recém-criadas.

Ao apresentar sua pílula de veneno, a News Corp. afirmou explicitamente que o plano de direitos do acionista era uma resposta à mais recente manobra de Malone. "Em 3 de novembro de 2004, imediatamente depois de o Tribunal Federal da Austrália aprovar a reincorporação da empresa da Austrália para Delaware, a Liberty Media Corporation revelou que entrara num acordo com uma terceira parte que lhe permitia adquirir mais 8% das ações da News Corporation com direito a voto. Essa atitude foi tomada sem qualquer discussão com a News Corporation ou aviso prévio. Por esse e outros motivos, a empresa implantou um Plano de Direitos para proteger os melhores interesses de todos os acionistas."[21]

Malone respondeu um mês depois, revelando que a permuta com o Merrill Lynch — originalmente programada para abril de 2005 — seria fechada em meados de janeiro.

Depois disso, durante quase dois anos, pouca coisa aconteceu publicamente entre as duas empresas enquanto Malone e Murdoch tentavam, privadamente, negociar uma saída amigável para pôr fim ao impasse. Em dezembro de 2006, a News Corp. e a Liberty finalmente chegaram a um acordo que efetivamente poria fim à tentativa de Murdoch de ser um ator tão importante no mercado americano de satélite quanto o era na Europa e na Ásia.

Em 22 de dezembro, a News Corp. e a Liberty Media anunciaram que a segunda trocaria todo o seu investimento na primeira — na época uma participação de 16% — por uma participação na DirecTV (que aumentava para 38%), três canais locais de esporte da Fox e US$ 550 milhões em dinheiro.

Em declaração, a News Corp. considerou que o acordo teria um "valor tremendo" para os acionistas, uma vez que aumentaria imediatamente os ganhos da News Corp., permitiria à empresa vender a DirecTV a uma "cotação atraente numa base livre de impostos" e representaria essencialmente uma recompra de US$ 11 bilhões em ações da News Corp.[22] Não foi feita menção alguma ao suspiro de alívio de Murdoch por Malone deixar de ser um problema.

Mas em sua declaração, a Liberty Media tentou dar a volta por cima e mostrar que não havia ressentimentos. "Estamos extremamente satisfeitos com a bem-sucedida conversão dos impostos de nossas propriedades na News. Nosso investimento na DirecTV criará uma flexibilidade financeira, operacional e estratégica", disse Malone. "A posse da News pela Liberty criou um valor tremendo para nossos acionistas, e somos gratos a Rupert Murdoch e à administração da News."[23]

Curiosamente, quando falou sobre a decisão de vender as ações da DirecTV, numa conferência de mídia da McGraw-Hill em fevereiro de 2007, Murdoch pareceu um amante rejeitado, manifestando desdém por um negócio e uma empresa que apenas três anos antes havia considerado o aspecto mais excitante da miríade de negócios de sua companhia.

"O problema com a TV por satélite nos EUA é que a banda larga via satélite não consegue distribuir. Pode ser que finalmente haja um grande avanço tecnológico, mas não acho que será o WiMax", disse Murdoch, referindo-se à festejada tecnologia sem fio que algumas pessoas da indústria de comunicação viam como a melhor maneira de oferecer às massas acesso à internet de alta velocidade.[24]

Murdoch acrescentou que os desafios de empresas semelhantes, como AT&T, Verizon, Comcast e Time Warner, provavelmente aumentariam. As empresas telefônicas começavam a incluir serviço de celular em seus pacotes de ofertas aos consumidores. E empresas de cabo haviam feito parceria com a empresa telefônica Sprint para acrescentar ofertas de telefone celular a seu pacote de telefone digital, TV e aceso à internet.

"É difícil competir com o apelo de três serviços, potencialmente quatro, com o celular sendo oferecido por empresas de cabo e telefone", disse Murdoch. Essa foi uma das raras vezes em que admitiu derrota. E provavelmente com bastante atraso, já que especialistas em mídia consideravam sábia a manobra da News Corp. para sair do negócio de televisão por satélite nos EUA.[25]

Pouco antes de os acionistas da DirecTV votarem na transação da News Corp. com a Liberty Media, em abril de 2007, Joseph Bonner, analista da Argus Research, afirmou que se livrar da DirecTV seria uma vantagem para os acionistas da News Corp., já que permitiria à empresa sair do cruel mercado de TV por satélite e a cabo nos EUA. Mas, o que talvez seja mais importante, o acordo significou que Murdoch e outros executivos da News Corp. já não precisavam se preocupar com a intromissão de Malone.

"O acordo Liberty-DirecTV elimina a questão corrente sobre o que aconteceria com as ações da News Corp. e o controle da empresa. Essa nuvem se afastou. A News Corp. pode seguir adiante sem que a administração tenha que dedicar mais tempo a isso", disse Bonner.[26]

O acordo ficou no limbo da regulamentação durante mais de um ano, porém, após uma análise meticulosa e demorada, o Departamento de Justiça e a Comissão Federal de Comunicações permitiram que o negócio avançasse no primeiro trimestre de 2008. Em 27 de fevereiro, a troca das ações da News Corp. de Malone pelas ações da DirecTV de Murdoch finalmente foi concluída. Ainda não estava completamente claro o que isso representaria para o NDS Group, controlado por Murdoch — um fornecedor de tecnologia que tinha a DirecTV como principal cliente. Em fevereiro de 2007, David Richardson, diretor de nova mídia da NDS e contato de desenvolvimento de negócios com a indústria de conteúdo, afirmou que a transação com a Liberty Media não deveria afetar o contrato da NDS com a DirecTV.[27]

No entanto, a dependência da NDS para com a News Corp. poderia ter se tornado um problema, já que a DirecTV não mais fazia parte do império de Murdoch, e talvez tenha sido esse o motivo da decisão de privatizá-la em 2008. Richardson disse que a empresa continua ganhando novos clientes fora da família News Corp. Segundo ele, uma coisa de que as empresas de mídia gostam é que a NDS se contenta em ficar nos bastidores e deixa os clientes usarem suas próprias marcas — e não o nome NDS — em decodificadores, gravadores digitais de vídeo e outros produtos.

"Somos um fornecedor de infraestrutura. Se há uma coisa à qual somos fiéis é não competir com nossos clientes. A TiVo fracassou com a DirecTV porque não entendeu isso", disse Richardson.[28]

Nesse sentido, Richardson disse que a NDS tem feito parcerias também com outras empresas de mídia. Desenvolveu jogos interativos com base em personagens de quadrinhos do canal Nickelodeon, pertencente à Viacom, e forneceu tecnologia a um aparelho portátil da Walt Disney que reproduz mídia digital. Mas Richardson admitiu que ter a News Corp. como principal acionista às vezes é algo que atrapalha os negócios. "Tentativas de parcerias às vezes entram em conflito", disse ele.[29]

E essa, provavelmente, é uma maneira apropriada de resumir como os negócios, as parcerias, fusões e aquisições de Murdoch podem às vezes entrar em conflito. Embora seus esforços para se tornar um dos principais protagonistas do mercado de distribuição de televisão por satélite e a cabo nos EUA tenham fracassado, ele estava determinado a não sair perdendo num setor que tinha um potencial talvez maior do que a televisão: a internet. Murdoch podia ter perdido a batalha pela supremacia na telinha, mas não estava disposto a ser um perdedor na luta pelo controle do computador pessoal, do telefone celular e de outros aparelhos digitais. Estava prestes a ser consumido por uma nova obsessão.

6. Rupert 2.0

A bem-sucedida oferta pública inicial do Google, em agosto de 2004, fez surgir um monte de ideias nas cabeças tanto de executivos de mídia quanto de investidores.

Em poucos meses, o Google, a maior ferramenta de pesquisas do mundo, alcançou um valor de mercado que superava o da News Corp. E, em meados de 2005, a capitalização de mercado do Google ultrapassava também as da Disney e da Time Warner.

A recepção ao Google em Wall Street foi um claro sinal de que a dolorosa crise das empresas pontocom ocorrida em 2000, 2001 e 2002 havia definitivamente acabado. O modelo de negócios do Google, de venda de anúncios associada a buscas por meio de palavras-chave, era prova definitiva de que a internet era uma mídia legítima para os anunciantes.

Agora, o desafio para empresas como a News Corp. era tentar alcançá-la. A maioria das empresas de mídia tinha presença na web, mas de algum modo limitada. Em outras palavras, tais empresas tinham sites para marcas específicas. A Disney, por exemplo, tinha o ABC.com e o ESPN.com. A Viacom lançara o MTV.com e o Nickelodeon.com. E a News Corp. tinha o Fox.com e sites de seus jornais como principais conquistas na internet.

Mas a maioria das grandes empresas de mídia só mergulhara os pés nas águas da internet porque ainda desconfiava se realmente havia um modelo de negócios para vender conteúdo e anúncios on-line. E mais: o efeito desastroso da fusão entre a AOL e a Time Warner servia como um lembrete nada sutil do que poderia acontecer se uma empresa de "mídia antiga" bebesse da fonte da internet e decidisse se transformar numa empresa da "nova mídia".

O Google, porém, mudou tudo isso. Seu sucesso, bem como a ressurreição do portal on-line Yahoo!, elevou os riscos para as empresas de mídia. Já não era uma opção ficar sentado passivamente e deixar Google, Yahoo! e outras empresas de mídia exclusivas da internet colherem todos os benefícios da crescente migração dos dólares da propaganda em rádio, televisão e publicações para a internet. Murdoch percebeu isso e soube que deveria agir rapidamente.

"Há dois anos e meio, de repente ficou claro para mim que numa economia em crescimento, a propaganda em publicações e televisão não estava crescendo tão rapidamente quanto antes", disse Murdoch na conferência de mídia da McGraw-Hill em fevereiro de 2007.[1]

Não é surpresa que a News Corp. tenha mergulhado fundo nas águas da internet. No verão de 2005, Murdoch decidira que a News Corp. não poderia ficar assistindo a novos concorrentes roubarem seus negócios. Então, em julho, Rupert descobriu que a internet é uma religião e, nesse processo, reinventou a Fox e a News Corp.

"O dom de Murdoch é que ele entende completamente os negócios de comunicação e mídia", disse *Sir* Martin Sorrell, CEO do WPP Group, uma das maiores agências de propaganda e relações públicas do mundo, numa conferência patrocinada pela revista *Fortune* em Aspen, Colorado, em junho de 2006.[2]

"Você não pode ser apenas uma empresa de jornais. Não pode ser apenas uma empresa de revistas. Isso tudo está ficando indistinto", prosseguiu Sorrell.[3]

Em 15 de julho de 2005, a News Corp. anunciou a criação de uma nova unidade de negócios chamada Fox Interactive Media, ou FIM. Originalmente, a divisão foi formada simplesmente para administrar os negócios da News Corp. na internet, incluindo o Fox.com, o Foxsports.com, o Foxnews.com e os sites de estações de televisão locais pertencentes à empresa.

"Estamos lançando essa nova divisão depois de meses de estudos e discussões internas envolvendo a alta diretoria de todas as divisões-chave da News Corp.", disse Murdoch na época do anúncio. "Todos nós acreditamos que nenhuma outra empresa de mídia tem tido tanto sucesso na criação de conteúdos distintos e na descoberta de maneiras de distribuí-los em todas as plataformas concebíveis para audiências em massa no mundo. Estamos confiantes de que esse sucesso se repetirá na internet. Acreditamos que este é o momento certo para lançar a FIM e nos comprometemos a destinar os recursos para torná-la uma das principais empresas da internet."[4]

Mas esse foi somente um mero indício de coisas muito maiores que viriam da News Corp. e de Murdoch. Apenas três dias depois, a News Corp. surpreendeu Wall Street ao anunciar que estava gastando US$ 580 milhões para adquirir a Intermix Media, uma empresa de mídia on-line relativamente pouco conhecida.

O maior bem da Intermix era um site de relacionamento chamado MySpace, lançado somente dois anos antes. As redes de relacionamento estavam só começando a se tornar uma grande onda nos círculos de mídia on-line, e o MySpace rapidamente se tornou o principal destino para jovens usuários da internet (traduzindo: desejados por anunciantes) navegarem e conversarem com seus amigos.

O MySpace também ganhara a fama de ajudar grupos de música bem estabelecidos, como o R.E.M e o Nine Inch Nails, a promover seus discos para um público mais jovem, além de ser usado por bandas sem contrato para se tornarem conhecidas.

Murdoch percebeu imediatamente que, além de ser uma mina de ouro em potencial para os dólares dos anunciantes on-line, o MySpace também poderia ter um papel importante como meio para a News Corp. promover seus programas de TV, filmes e livros para um público que talvez não fosse facilmente alcançável de outra maneira.

"Marcas da Intermix, como o MySpace.com, estão entre os bens mais em alta e repercutem com as mesmas audiências que mais são atraídas pelas ofertas de notícias, esportes e entretenimento da Fox. Vemos uma grande oportunidade de combinar a popularidade dos sites da Intermix, particularmente o MySpace, com nossos bens on-line existentes para oferecer uma experiência mais rica aos usuários da internet de hoje", disse Murdoch na época da compra da Intermix.[5]

140 A cabeça de Rupert Murdoch

Esse foi apenas o começo do que se tornaria uma verdadeira maratona de compras cibernéticas de Murdoch. Duas semanas depois de anunciar a aquisição da Intermix, a News Corp. disse que a FIM estava comprando a Scout Media, que possuía a rede de esportes on-line Scout.com., um site criado em 2001 com apoio financeiro de Bernie Kosar, ex-zagueiro de futebol americano da NFL.

O Scout.com se concentrava em notícias para jogadores de escolas secundárias, universidades e times profissionais — sendo portanto um bom companheiro na internet para a programação esportiva das rádios e TVs a cabo regionais da News Corp. Na época a News Corp. não disse quanto pagara pela Scout Media. Mais tarde, porém, um documento de regulamentação revelou um valor de compra de US$ 60 milhões.

Durante a teleconferência com analistas sobre os ganhos no quarto trimestre do ano fiscal de 2005, em agosto de 2005, Murdoch indicou que a empresa ainda não havia encerrado suas compras de bens on-line.

"Não há prioridade maior para a empresa hoje do que expandir sua presença na internet de maneira significativa e lucrativa e se posicionar bem para colher os benefícios da explosão do uso de banda larga que começamos a ver agora", disse ele.[6]

Pouco mais de um mês depois do anúncio da compra da Scout, Murdoch estava em campo novamente. Desta vez, a News Corp. pôs os olhos no lucrativo mercado de videogames, comprando a IGN Entertainment, em 8 de setembro de 2005, por US$ 650 milhões.

A IGN possuía vários sites populares entre a comunidade de jogos, incluindo GameSpy, TeamXbox, 3D Gamers e GameStats.com. Possuía também o site Rotten Tomatoes, de críticas e *preview* de filmes, bem como o AskMen.com, um guia de estilo de vida que era uma espécie de equivalente on-line das revistas masculinas *GQ* e *Maxim*.

Num período de apenas três meses, a News Corp. gastou quase US$ 1,3 bilhão para deixar de ser um jogador secundário no espaço da mídia on-line e se tornar uma das maiores empresas da internet. Obviamente, Murdoch estava feliz com seus novos brinquedos.

"Percorremos um longo caminho para atingir dois de nossos objetivos estratégicos cruciais em nossos esforços para nos tornarmos uma presença importante e lucrativa na internet. Em primeiro lugar, aumentamos significativamente nosso alcance on-line", proclamou Murdoch com orgulho depois da compra da IGN.

"Em segundo lugar, avançamos em nossa estratégia para alavancar a competência única que a empresa tem com seus bens de notícias, esportes e entretenimento, para criar um destino importante na internet. Adquirindo a IGN e seus excelentes sites, temos agora sites de entretenimento superiores para acompanhar o FoxSports.com, além de nossa miríade de sites de notícias", acrescentou Murdoch.[7]

Embora alguns analistas de mídia tenham zombado da quantidade de dinheiro gasto por Murdoch para construir seu novo império na internet, outros argumentaram que a News Corp. tinha condições de deixar de ser um retardatário da "mídia antiga" e se tornar uma das mais agressivas entre as grandes empresas de mídia on-line, e que US$ 1,3 bilhão não era um preço alto demais para realizar essa transição.

"Provavelmente há apenas alguns poucos vencedores em redes de relacionamento e conteúdo gerado pelo usuário. O MySpace foi uma pechincha para Rupert Murdoch", disse Andrew Metrick, professor de finanças na Wharton School, na Universidade da Pensilvânia, especializado em investimentos de capital de risco.[8]

Murdoch explicou melhor sua recente obsessão pela internet durante um discurso para acionistas na reunião anual da empresa, em 2005. "Dar poder ao consumidor por meio da oferta de mais escolhas é exatamente o que esta empresa se esforça para fazer. E não há melhor meio para fazer escolhas do que a internet. Por isso somos tão atraídos pelas oportunidades e desafios que ela representa. Este é um momento de mudanças fundamentais. Portanto, com investimentos relativamente modestos e extremamente bem direcionados, criamos este ano uma unidade especial na internet e adquirimos propriedades que instantaneamente nos deram dezenas de milhões de novos clientes. E, nesse processo, iniciamos uma transformação da empresa", disse ele, acrescentando: "Agora temos a mais potente combinação de conteúdo relevante e público de massa crítico para obter uma presença real e lucrativa na web."[9]

E a News Corp. não havia encerrado suas compras de bens de mídia digital. Em setembro de 2006, a empresa anunciou que estava comprando por US$ 188 milhões uma participação majoritária na Jamba!, importante provedor de jogos, *ringtones*, músicas e outros recursos para celulares que pertencia à empresa de tecnologia VeriSign. A News Corp. fundiu a Jamba! com sua unidade Fox Mobile Entertainment.

Em maio de 2007, a FIM adquiriu o Photobucket e o Flektor, dois sites populares usados para criar, armazenar e compartilhar apresentações de fotos e vídeos on-line. Depois desses negócios, a News Corp. comprou, em dezembro de 2007 a Beliefnet, uma comunidade on-line dedicada a notícias sobre diversas fés, religiões e espiritualidade.

Em Wall Street, muitos acreditam que a News Corp. não terminou de juntar as peças de sua estratégia na internet. Vários analistas especularam que um dia Murdoch poderá fazer ofertas à LinkedIn — empresa de controle privado dona de um site que permite a pessoas do mundo dos negócios se relacionar na rede e compartilhar contatos (é invariavelmente descrito como um "MySpace para adultos") —, bem como à Monster Worldwide, empresa de capital aberto proprietária do site de carreiras Monster. com. A News Corp. negou, porém, o interesse nessas duas empresas.

Alguns analistas reconhecem que Murdoch e outros executivos da News Corp. não interferem muito no MySpace e dão ao CEO e cofundador do site, Chris DeWolfe, flexibilidade para dirigi-lo como na época em que este pertencia à Intermix.

"A News Corp. e a Fox reconhecem a importância de permitir que as pessoas fiquem sozinhas com seus amigos, portanto elas não se sentem como se fossem observadas por um Big Brother", diz Emily Riley, analista da Jupiter Research que acompanha sites de relacionamento. "Eles sabem quantos concorrentes estão quase os alcançando neste exato momento. Portanto fazem tudo o que podem para não afastar seus usuários."[10]

Nesse sentido, DeWolfe afirmou na conferência de *brainstorm* da *Fortune*, em junho de 2006, que a chave do sucesso contínuo do MySpace era não dar a impressão de que agora as decisões do site estavam sendo ditadas por caprichos de Murdoch.

"Tudo o que temos feito desde que começamos no MySpace tem sido sempre em função apenas do que os usuários nos pedem. Se continuarmos fiéis ao que nossos usuários querem e fizermos mudanças apropriadas, estaremos bem", disse DeWolfe.[11]

É claro que o MySpace não está completamente livre da influência da News Corp. De Wolfe admitiu que até certo ponto o site estava sendo usado como uma maneira de divulgar o conteúdo da Fox, conforme Murdoch imaginara ao comprar a Intermix.

"Há bastante sinergia. Quando as pessoas pensam na News Corp., talvez pensem primeiramente no canal Fox e na Fox News", disse DeWolfe. "Portanto, há um bocado de cruzamentos e potencial para promoções interessantes."[12]

O MySpace cresceu ainda mais com a News Corp., assim como outras propriedades on-line adquiridas por Murdoch. Hoje, o site opera em mais de vinte países, tendo entrado no Japão e na China em 2006. Em fevereiro de 2007, na conferência de mídia da McGraw-Hill, Murdoch disse que o aumento do número de usuários e do tráfego acontecia mais rapidamente do que o esperado e indicou que "quase" tiveram que "pôr um freio" no crescimento, particularmente nos mercados internacionais.

"A venda de anúncios passou de praticamente nada para cerca de US$ 25 milhões por mês", disse ele.[13]

Durante a teleconferência sobre ganhos em agosto de 2007, Murdoch disse a investidores que esperava que a unidade Fox Interactive Media da News Corp., que inclui o MySpace, tivesse uma receita anual de mais de US$ 1 bilhão em 2008 e gerasse uma margem de lucro operacional superior a 20%.[14]

Além disso, Murdoch disse acreditar que em três ou cinco anos a Fox Interactive Media poderia gerar mais de 10% das vendas totais da News Corp. e se tornar o maior propulsor do crescimento lucrativo da empresa. Pondo isso em perspectiva, analistas esperam que a News Corp. apresente uma venda anual de US$ 36,8 bilhões no ano fiscal que termina em junho de 2010. Assim, para que a previsão de Murdoch sobre as vendas da FIM se torne realidade, a renda precisaria quase quadruplicar, passando de US$ 1 bilhão — esperado em 2008 — para quase US$ 3,7 bilhões em 2010.[15]

Esta pode não ser uma estimativa razoável. A grande questão que persegue a News Corp. e Murdoch desde a compra do MySpace é se algum dia o site ou qualquer outro bem on-line da News Corp. incluído na FIM realmente vai gerar os bilhões de dólares em vendas e lucros necessários para justificar o preço pago por eles.

Uma grande parte da renda do MySpace vem de uma parceria com o Google anunciada pelo site em agosto de 2006. Como parte do acordo, o Google se tornou o provedor exclusivo de busca e propaganda por meio de palavra-chave no MySpace e na maioria dos outros sites da FIM.

O acordo determinou pagamentos mínimos de renda compartilhada de US$ 900 milhões à News Corp., a partir do primeiro trimestre de 2007 até o segundo trimestre de 2010. Esse acordo foi amplamente visto como uma grande vitória da News Corp. e prova de que o MySpace era mais do que apenas um site legal para desocupados de vinte e poucos anos. Era também um legítimo gerador de renda e lucro. Em fevereiro de 2007, durante a conferência da News Corp. sobre ganhos, Murdoch disse que ficaria "chocado" se a maior parte do dinheiro do Google não fluísse para o resultado financeiro do MySpace e da News Corp.

Analistas ficaram satisfeitos com esse desdobramento e elogiaram a News Corp. e Murdoch por mostrarem que o MySpace tinha um legítimo modelo de negócios. "Agora que a relação de compartilhamento de renda com anúncios do Google está começando a contribuir para o MySpace, essa parceria deverá funcionar bem. O crescimento do MySpace está intacto", disse David Joyce, analista que cobre a News Corp. para a Miller Tabak + Company, empresa de Wall Street.[16]

Mas logo depois de o Google começar a fazer os primeiros pagamentos à News Corp., surgiram rumores de que o Google estava muito insatisfeito com o acordo, uma vez que os sites de relacionamento como o MySpace aparentemente não estavam gerando a renda esperada com anúncios.

Numa teleconferência com analistas e investidores em janeiro de 2008, ao discutir por que os ganhos do Google no quarto trimestre de 2007 não haviam correspondido às previsões de Wall Street, Sergey Brin, cofundador, citou o mau desempenho dos anúncios nos sites de relacionamento parceiros como um motivo importante.

De início, Brin apenas admitiu um "desafio" dos sites de relacionamento e disse que a empresa não queria "falar sobre o desempenho de parceiros individualmente ou sobre qualquer coisa assim".[17] Mas, ao ser pressionado a contar mais detalhes sobre por que a propaganda nos sites de relacionamento ainda não acontecia, Brin citou o MySpace como uma de suas principais parcerias. Ele também pareceu mais cauteloso ao comentar se a renda com anúncios em sites de relacionamento seria realmente um grande mercado.

"Acho que ainda não temos a maneira mais formidável de anunciar e monetizar as redes de relacionamento. Estamos fazendo muitas experiências. Tivemos algumas melhorias significativas, mas, como eu disse, algumas coisas nas quais trabalhávamos no quarto trimestre não aconteceram de fato, e houve algumas decepções ali. Espero poder relatar mais progressos no futuro", disse Brin.[18]

Durante a conferência da News Corp. sobre ganhos em fevereiro de 2008, Murdoch e Chernin reagiram afirmando que não estavam preocupados. Murdoch sustentou que a News Corp. investira "sabiamente em redes de relacionamento", enquanto Chernin disse que o MySpace estava ganhando força com os anunciantes.[19]

E numa conferência de mídia do Bear Stearns em março de 2008, Murdoch continuou a apregoar a promessa que o MySpace representava e a relação com o Google. Disse que o MySpace poderia se tornar, para a News Corp., "outra forma de fazer propaganda direcionada". Sobre o Google, afirmou simplesmente: "Estamos muito felizes por estarmos no campo do Google. Eles fazem nossa propaganda de busca e nos pagam bem por isso."[20]

Mas, apesar dos comentários entusiasmados de Murdoch, continuou incerto o tempo que duraria a força do MySpace com os anunciantes. Além dos problemas do Google para converter em dinheiro o tráfego do MySpace nas primeiras fases de seu acordo com a FIM, a News Corp. também precisou se preocupar com a possibilidade de que a popularidade do MySpace já tivesse alcançado seu pico.

Embora o tráfego do MySpace tivesse aumentando bastante desde que a News Corp. adquirira a Intermix em 2005, dados da comScore, empresa de pesquisas na internet, mostram que o número de visitas à página e de visitantes individuais no início de 2008 foi menor do que alguns meses antes — um sinal alarmante para um site e um negócio que ainda deveriam estar nas fases iniciais de crescimento explosivo.

O número de visitantes individuais do MySpace em janeiro de 2008 — 66,6 milhões — foi quase 5% menor do que o maior número já registrado: cerca de 72 milhões, em outubro de 2007. Além disso, as visitas à página em janeiro de 2008 foram 43,3 bilhões, ou 7% menos que o pico de 46,5 bilhões nos Estados Unidos em junho de 2007.

E o início arrastado do acordo de compartilhamento de anúncios entre o Google e o MySpace contribuiu para a crescente tensão entre o

Google e a News Corp. Em março de 2007, a News Corp. anunciou que estava unindo forças com a NBC Universal, da GE, para criar um empreendimento conjunto de vídeo on-line. O site, mais tarde chamado de Hulu, foi citado por muitos especialistas em mídia on-line como um tiro certeiro no Google e em seu popular subsidiário de vídeo on-line, o YouTube, que o Google adquirira por quase US$ 1,7 bilhão em outubro de 2006.

Criado em fevereiro de 2005, o YouTube rapidamente despertou a ira de várias empresas de mídia tradicional, porque muitos usuários haviam transferido para o site programas protegidos por direitos autorais. Um gigante da mídia, a Viacom, decidiu que a melhor maneira de obrigar o Google e o YouTube a policiar melhor o site para evitar conteúdo pirata era levá-los à justiça.

Em março de 2007, a Viacom anunciou um processo contra o Google e o YouTube por violarem direitos autorais, exigindo US$ 1 bilhão por danos. Em julho de 2008, o processo ainda estava pendente. Mas a News Corp. não participou da ação. Em vez disso, decidiu se juntar à NBC para criar o que a imprensa financeira muitas vezes chamou de "assassino do YouTube".

Antes mesmo do lançamento do Hulu, Murdoch dava o melhor de si para minimizar a importância da ameaça do YouTube contra a News Corp. Numa conferência de mídia do Goldman Sachs em setembro de 2006, um mês antes de o Google comprar o YouTube, Murdoch disse que achava que o MySpace Videos logo tomaria dele a liderança no mercado de vídeos on-line.

Em fevereiro de 2007 ele se gabou de que o site de vídeos do MySpace era "claramente o número dois", perdendo para o YouTube. Entretanto, disse também que "se você olhar atentamente", o YouTube "não é bem um site de comunidade". E acrescentou que embora pudesse ser uma experiência "bastante hipnótica", não era realmente uma ameaça à economia da televisão ou ao MySpace.[21]

Isso, no entanto, pode ser apenas um raciocínio fantasioso, já que basta dar uma olhada em alguns dados sobre o tráfego no MySpace e no YouTube para ver claramente que, em muitos aspectos, o segundo ofusca o primeiro em popularidade.

De acordo com dados da comScore, em dezembro de 2007 foram vistos 3,3 bilhões de vídeos em sites do Google (sendo mais de 97% do total no YouTube), o que supera significativamente o número de vídeos assistidos no MySpace e em outros sites da Fox Interactive Media: apenas 358,4 milhões no mesmo período. A fatia do Google no mercado foi de 32,6% e a da FIM, apenas 3,5%.

Para Murdoch, não era algo que ele poderia esperar ao comprar o MySpace. Afinal de contas, o YouTube tinha apenas alguns meses de vida, e pouca gente falava que o conceito de vídeos on-line compartilhados se tornaria um grande negócio, particularmente o tipo de vídeo feito por usuários que era popular no YouTube. Nesse sentido, quando Murdoch anunciou a aquisição da Intermix em julho de 2005, a palavra "vídeo" foi mencionada apenas uma vez, enquanto as menções ao conceito de "rede social" foram seis.

E mais: Murdoch e a News Corp. geralmente eram os novatos que chegavam a uma indústria estabelecida, sacudiam-na e saíam vitoriosos. Portanto, ele estava numa desconfortável posição secundária numa nova indústria que achava que praticamente já havia conquistado. Murdoch também estava acostumado a se dar ao luxo de esperar anos, se não décadas, para um negócio dar certo. Nem a Fox nem a Fox Business haviam sido sucessos imediatos. Mas a internet se revelava uma arena muito diferente da televisão. Novos sites podem brotar e florescer rapidamente, mesmo sem o apoio de uma grande empresa de mídia como a News Corp.

Além disso, parecia que Murdoch também precisava se preocupar tanto em permanecer à frente da Yahoo!, da Viacom, da Microsoft, da Time Warner e da Disney quanto em alcançar o Google e o YouTube. O Yahoo!, por exemplo, tinha uma fatia de 3,4% no mercado de vídeos on-line, apenas um pouco menos que a FIM. E as outras quatro empresas tinham participações no mercado entre 1,2 e 2,3%.

Talvez mais preocupante para Murdoch fosse o fato de que, de acordo com dados da Nielsen//NetRatings — outra empresa que analisa o tráfego na internet — o YouTube tivera em janeiro de 2008 um número de visitantes individuais nos Estados Unidos ligeiramente maior do que o de todos os sites da Fox Interactive Media combinados.

A atitude de Murdoch de depreciar o YouTube como um rival legítimo pode ser simplesmente um sinal de que ele percebe que o potencial crescimento explosivo do MySpace pode ter vida curta. Em outras palavras, quando não consegue ser o número 1 em determinada categoria, ele diminui a importância desta, porque talvez assim as pessoas ignorem o fato de a News Corp. não estar na liderança. "Acreditamos que a maneira de manter os anúncios é ser o número 1 em tudo o que fazemos", disse ele na conferência do Bear Stearns em março de 2008.[22]

No mundo da web, consumidores jovens e com déficit de atenção têm uma maneira própria de adotar rapidamente a próxima novidade. Afinal, muitos viam o MySpace simplesmente como a rede de relacionamentos do momento, que substituíra o antes popular Friendster no primeiro lugar. Mas em 2007 o MySpace descobriu que o Google e o Yahoo! talvez não fossem as maiores ameaças. A preocupação era de que o MySpace começasse a perder espaço para o mais novo membro do bloco de redes de relacionamento: o Facebook.

"Para muitos usuários, o MySpace já passou. Há uma dimensão instável para esse público", diz Greg Sterling, diretor da Sterling Market Intelligence, empresa de pesquisas independente com sede em Oakland, Califórnia, e especialista em analisar tendências de anúncios on-line.[23]

O Facebook começou como um site de relacionamento popular entre universitários. A empresa foi fundada pelo prodígio Mark Zuckerberg em seu quarto no dormitório de Harvard, quando ele tinha apenas vinte anos. Mas rapidamente ganhou vida própria e se tornou um importante concorrente do MySpace além do campus.

Além disso, a popularidade do Facebook e o tráfego na web cresceram exponencialmente a partir de maio de 2007, quando a empresa anunciou que permitiria a pessoas de fora construir seus próprios aplicativos que funcionariam dentro do Facebook. Na época, o MySpace não tinha uma plataforma para pessoas que desenvolvem aplicativos. E só anunciou uma em outubro de 2007. Portanto, mais uma vez, e como no caso do YouTube, Murdoch estava na posição desconfortável de ter que acompanhar autores de novidades criativas, em vez de fazer seu próprio caminho.

Como resultado, o Facebook começou a receber cada vez mais atenção tanto da imprensa especializada do Vale do Silício quanto de Wall Street. Diziam que a Microsoft e o Google estavam brigando por uma fatia do Facebook. A Microsoft venceu a batalha e, em outubro de 2007, concordou em pagar US$ 240 milhões por uma participação de 1,6% no Facebook. O investimento significava que o Facebook estava sendo avaliado em US$ 15 bilhões — mais do que a maioria dos analistas de Wall Street achava que valia o MySpace, ou toda a Fox Interactive Media.

Enquanto crescia a popularidade do Facebook, a News Corp. se tornava mais defensiva em relação ao site. Murdoch não gosta de chegar em segundo lugar. Numa conferência da McGraw-Hill em fevereiro de 2007, ele tentou minimizar a crescente ameaça do Facebook dizendo que o mercado de redes de relacionamento não era um jogo com um único vencedor, e que havia espaço para o MySpace e o Facebook, já que adolescentes e jovens adultos dificilmente abandonariam suas páginas com perfis em um site de relacionamento e partiriam para um novo site.

"Muitos jovens e universitários sem dúvida estão indo para o Facebook. Mas isso não significa que eles não permaneçam também no MySpace", disse Murdoch.[24]

Mas em julho de 2007, quando aumentavam os rumores de que o Facebook podia valer algo entre US$ 5 bilhões e US$ 10 bilhões, a News

Corp. divulgou um boletim de imprensa que serviu apenas como lembrete de que o MySpace ainda era maior que o Facebook.

Sem jamais mencionar o nome Facebook, o boletim afirmava que o MySpace atraía mais usuários do que seu "concorrente mais próximo na categoria de redes de relacionamento" e que os usuários do MySpace também visitavam o site com mais frequência e passavam mais tempo ali do que os usuários de outros sites de relacionamento.

Murdoch ficou muito mais irritado quando lhe perguntaram sobre o sucesso do site concorrente. Durante uma conferência de mídia do Goldman Sachs em setembro de 2007, ele respondeu a uma pergunta de um analista sobre o Facebook citando os números mais recentes de visitas ao site na época e declarando que "o Facebook é infinitamente menor que o MySpace".[25]

Murdoch prosseguiu atacando o que considerava um padrão frouxo de segurança para os usuários do Facebook. Com bom humor, disse que "se você quer perseguir uma jovem no Facebook, é muito fácil. No MySpace você não consegue fazer isso".[26]

O comentário surpreendeu muita gente da indústria, já que na época o MySpace, assim como o Facebook, era alvo de críticas de muitos procuradores-gerais de estados em virtude de notícias de que adultos usavam o site de relacionamento para se aproveitar de crianças.

Embora o site se empenhasse bastante em tomar medidas para assegurar que usuários com comportamento impróprio e predadores sexuais fossem rapidamente removidos, o MySpace e autoridades do governo tiveram um período difícil até concordarem em trabalhar juntos. Em maio de 2007, o MySpace se envolveu numa breve briga judicial com oito estados em razão de informações sobre usuários registrados como agressores sexuais.

Inicialmente, o MySpace se recusou a entregar os nomes e outros detalhes acerca de aproximadamente sete mil usuários cujas páginas de perfil haviam sido deletadas do site por causa de registros criminais.

A empresa argumentou que como os estados requisitaram as informações não apenas por carta, e não numa intimação judicial, não era legalmente obrigada a lhes dar os dados. Depois de protestos públicos de vários procuradores-gerais e contínuas negociações, o MySpace concordou em atender ao pedido.

Depois disso, o MySpace agiu rapidamente para reforçar a segurança de seus usuários, removendo do site mais de 29 mil agressores sexuais registrados. Mas só em janeiro de 2008 o MySpace anunciou um plano amplo de cooperação com os estados para a segurança de seus usuários. Como parte do anúncio, o MySpace prometeu tornar privadas as páginas de todos os usuários de 16 e 17 anos — a determinação anterior era de manter privadas apenas as páginas de usuários de 14 e 15 anos — e concordou também em criar um registro de e-mails de crianças que permitisse aos pais impedir seus filhos de usar esses e-mails para criar páginas de perfil no MySpace ou em outros sites de relacionamento.

O plano foi elogiado por procuradores-gerais e grupos de ativistas em defesa de crianças. Mas é curioso que Murdoch tenha acusado o Facebook de ter problemas com segurança no mesmo momento em que o MySpace lidava com essas questões e havia apenas começado a fazê-lo de maneira significativa.

A crítica pareceu ser nada mais do que um bom exemplo de ataque de Murdoch a um concorrente por se sentir ameaçado. Para alguém que dizia não estar preocupado com o Facebook, ele falou bastante sobre o site. Wall Street reconheceu isso, e alguns analistas afirmaram temer que a popularidade do MySpace tivesse chegado a um pico e que o Facebook fizesse com o MySpace o que este fizera com o Friendster. O fato começava a repercutir no preço das ações.

Não havia como negar que o Facebook afetara o MySpace. De acordo com dados da comScore, a média mensal de visitantes individuais do Facebook nos Estados Unidos subiu 47% entre abril de 2007 e janeiro de 2008, passando de 23 milhões para 33,9 milhões. No mesmo período, o número de visitantes individuais do MySpace aumentou apenas 3%, de 66,8 milhões para 68,7 milhões.

"A trajetória de crescimento do MySpace ainda é tremenda. Mas parte da conversa por trás da retração das ações da News Corp. está relacionada à tração do MySpace *versus* Facebook", disse David Bank, analista da RBC Capital Markets.[27]

Com tudo isso em mente, surgiram rumores, no início de 2008, de que a News Corp. poderia tentar abandonar o acordo de compartilhamento de anúncios do Google com o MySpace em favor de um novo acordo com a Microsoft. Além disso, disseram que a News Corp. retomara discussões iniciadas no verão de 2007 com o Yahoo!, maior rival do Google, sobre combinar as operações da FIM e do Yahoo! para formar uma empresa na qual a News Corp. teria uma participação minoritária.

Mas Murdoch tem repetido com firmeza que não está interessado nem em fazer uma oferta ao Yahoo! nem em se desfazer de sua participação no MySpace e na Fox Interactive Media para criar uma empresa separada. "Não há atração alguma neste momento", disse ele durante a teleconferência de ganhos da News Corp., em agosto de 2006, quando lhe perguntaram se estava interessado em comprar o Yahoo!. Murdoch acrescentou que achava que, "no devido tempo", a News Corp. conseguiria transformar a FIM numa potência de mídia on-line para concorrer com o Yahoo! e o Google.[28] Ele reiterou esses comentários em fevereiro de 2008. "Definitivamente, não vamos fazer uma oferta ao Yahoo!. Não estamos interessados neste momento."[29] Um mês depois, na conferência do Bear Stearns, ele acrescentou: "Não vamos entrar numa luta com a Microsoft, que tem muito mais dinheiro do que nós."[30] Murdoch se referia à oferta de US$ 44,6 bilhões da Microsoft para comprar o Yahoo!, feita em janeiro de 2008. O Yahoo! a rejeitou e acabaria recusando ainda outra, de US$ 47,5 bilhões, em maio do mesmo ano.

A Microsoft retirou sua oferta ao Yahoo!. E as negociações entre a News Corp. e o Yahoo! acerca de um empreendimento conjunto foram abandonadas uma vez que as partes não chegaram a um preço justo pelo MySpace. Segundo relatos, a News Corp. queria uma participação de 20% numa entidade que combinaria a FIM e o Yahoo!. Murdoch insistiu em que, na fusão, o Yahoo! deveria avaliar o MySpace em no mínimo US$ 6 bilhões. Alguns analistas de internet indicaram que Murdoch queria uma avaliação de US$ 10 bilhões.

Curiosamente, Murdoch abandonou também a ideia de fazer mais aquisições na internet, em parte por causa de preocupações com o fato de as empresas serem caras demais. "Estamos constantemente observando coisas, e analistas de risco nos trazem coisas a preços estúpidos", disse ele. "As pessoas abrem a boca e falam que querem apenas US$ 1 bilhão porque logo compensarão o investimento. Às vezes somos cautelosos, um pouco cautelosos demais. Mas seria muito fácil despejar um monte de dinheiro para comprar sites que não cumprirão suas promessas."[31]

Essa foi uma declaração impressionante vinda de alguém que nunca considerou o preço um real obstáculo para conseguir o que deseja. E é particularmente incrível considerando-se que os comentários foram feitos menos de três anos depois de Murdoch gastar bilhões em empresas na internet e se encher de entusiasmo pelo potencial destas.

Mas, como Murdoch aprendeu rapidamente, não é fácil permanecer no topo do mundo da mídia on-line. Trata-se de um negócio sujeito à demanda de usuários que são menos leais a marcas da mídia do que o típico telespectador ou frequentador de cinema. Como resultado, pode ser que, para manter outros adversários afastados, sejam necessárias novas aquisições, ou talvez uma grande aquisição. Portanto, Murdoch também pode estar apenas tentando minimizar o preço potencial que teria de pagar por outras empresas on-line.

Tenha isso importância ou não, muitas vezes Murdoch alegou não estar interessado em comprar uma empresa, para mais tarde fazer uma oferta por ela. Não há exemplo melhor do que seu empenho para comprar a Dow Jones, um negócio que não só elevará a posição da News Corp. nos negócios de jornais, mas também se tornará uma das peças mais importantes da estratégia geral de mídia digital de sua empresa.

7. A batalha pela Dow Jones

Quando a News Corp. chocou Wall Street ao anunciar, em 1º de maio de 2007, uma oferta de US$ 5 bilhões pela famosa empresa que publicava o *Wall Street Journal*, a única coisa que realmente deveria ter surpreendido os observadores era o fato de Murdoch não ter feito essa proposta antes.

Assim como o restante da indústria de jornais, a Dow Jones vinha lutando para fazer uma transição efetiva para o mundo digital. Cada vez mais, leitores e anunciantes migravam de publicações impressas para a internet. Provavelmente, parte da negatividade que cercava as empresas de jornal em Wall Street era um pouco exagerada. É improvável que a imprensa morra, como alguns afirmam. Mas as aflições financeiras enfrentadas por empresas jornalísticas como a Dow Jones deixava clara a necessidade de sacudir a indústria de algum modo.

Em junho de 2005, o colunista britânico de mídia Peter Preston escreveu no *Observer* que a Dow Jones estava vulnerável a uma aquisição. "Um jornal diário distribuído em tantas cidades no mundo nem sempre pode fazer com que o peso dos números em sua base americana seja levado em conta pelas agências de propaganda — e qualquer diário nessa posição encontra mais dificuldades quando os leitores migram para a internet", escreveu Preston, acrescentando que Murdoch seria um comprador óbvio.[1]

Em grande medida, as fusões em jornais já haviam começado. A Lee Enterprises comprou a Pulitzer Inc. por quase US$ 1,5 bilhão em 2005. A Knight Ridder — que durante anos resistira a pedidos de acionistas pela sua venda — finalmente cedeu em março de 2006, quando concordou em ser comprada pela rival McClatchy Company por US$ 45 bilhões. E em abril de 2007 a Tribune Company — que publica jornais conhecidos, como o seu carro-chefe *Chicago Tribune*, o *Los Angeles Times* e, na época, o *Newsday*, de Long Island — anunciou que estava sendo adquirida pelo magnata do setor imobiliário Sam Zell por US$ 8,2 bilhões e que fecharia seu capital.

E não é segredo que, apesar da queda das ações da indústria de jornais em Wall Street, Murdoch não perdera sua paixão pela matriz de negócios da News Corp.

Na verdade, no início de 2007, algumas pessoas achavam que, se Murdoch fosse comprar algum jornal, o mais provável seria que fizesse uma oferta pelo *Tribune* ou, no mínimo, que comprasse o *Newsday* da Tribune Company. A combinação das operações do *Newsday* com as do *New York Post* poderia gerar grande redução de custos para a News Corp.

Além de famoso por suas manchetes lascivas, o *New York Post* também é conhecido nos círculos da mídia por sua eterna luta para gerar um grande lucro para a News Corp. "Se conseguíssemos fazer um acordo com o *Newsday*, em cinco minutos o *Post* teria um modelo de negócio viável", disse Murdoch em fevereiro de 2007, numa conferência de mídia da McGraw-Hill.[2]

E Murdoch realmente tentou comprar o *Newsday*. Na primavera de 2008, ofereceu à Zell, nova proprietária do *Tribune*, US$ 580 milhões pela publicação. Mas a Cablevision, empresa de televisão a cabo com sede em Nova York, fez uma oferta maior, de US$ 630 milhões. Em rara demonstração de contenção fiscal, Murdoch decidiu resistir a uma guerra de ofertas com a Cablevision, e retirou a sua.

A perda do *Newsday* foi um golpe para Murdoch. Mas o motivo por trás de sua tentativa de comprar o jornal era puramente financeiro. A aquisição do *Newsday* não teria dado a Murdoch aquilo pelo que ele ansiava havia décadas: uma das marcas mais respeitadas no mundo das notícias. Antes de sua oferta à Dow Jones, seu nome era associado a tabloides sensacionalistas, carregados de fofocas, e a uma rede de televisão tendenciosa.

A posse da Dow Jones, mais especificamente do *Wall Street Journal*, instantaneamente daria a Murdoch a credibilidade jornalística que ele desejava tão desesperadamente — embora ele soubesse que logo os céticos começariam a especular quanto tempo demoraria para ele manchar o bom nome da Dow Jones.

Mas primeiramente Murdoch deveria convencer os Bancroft a vender-lhe a Dow Jones, o que não seria fácil. Eles relutavam em perder uma empresa controlada por sua família desde 1902.

Graças a uma série de acordos intrincados, os Bancroft possuíam 64% das ações da Dow Jones com direito a voto. Portanto, seria impossível ganhar o controle da Dow Jones sem o seu apoio. Para tornar a questão ainda mais complexa, havia quase três dúzias de membros na família, cada um deles com uma opinião diferente sobre a venda da empresa.

Na verdade, o namoro de Murdoch com os Bancroft era um exercício praticado há mais de uma década. Numa coluna escrita para o jornal britânico *Evening Standard* em agosto de 2004, David Yelland — que fora editor do *Sun*, de Murdoch, de 1998 a 2003 e que antes disso havia sido editor de economia do *New York Post* — indicou que Murdoch fizera sua primeira tentativa de comprar a Dow Jones nos anos 1990.

"Nos anos 1990, quando eu era editor de economia do *New York Post*, de Murdoch, antes de ele me trazer de volta para editar o *Sun*, Rupert chegou razoavelmente perto de garantir o apoio de algumas das famílias divergentes que comandavam a Dow Jones, empresa controladora do *Wall Street Journal*", escreveu Yelland.[3]

Na época em que o artigo foi escrito, Yelland argumentou ser mais provável que Murdoch tentasse comprar o *Financial Times* da empresa de mídia britânica Pearson. Na verdade, Yelland alegou acreditar que Murdoch moveria "céus e terra" para conseguir o *FT*.[4]

Como se veria, Yelland estava errado sobre o alvo de Murdoch, mas acertou sobre seu desejo de fazer o que fosse preciso para adquirir a Dow Jones.

A oferta de US$ 5 bilhões pela Dow Jones elevou o valor das ações da empresa a US$ 60. Isso representou não apenas um acréscimo de 65% ao preço negociado um dia antes de a oferta ser anunciada, mas também uma valorização que as ações da Dow Jones não alcançavam desde abril de 2002. Essa realidade era uma confirmação chocante de quanto o ambiente de negócios estava ruim para as empresas jornalísticas. Em virtude da queda na circulação e na venda de anúncios, Wall Street azedava as perspectivas das empresas de jornais. Como resultado, alguns analistas acharam que os Bancroft deveriam aceitar imediatamente a oferta de US$ 60 pelas ações. A opinião de muitos observadores da mídia era de que o estoque de ações nunca chegaria àquele nível novamente se a empresa continuasse independente.

À primeira vista, vender a Dow Jones deveria ser óbvio. Havia cinco anos que a empresa vinha sendo motivo de grande decepção para os investidores. Mas a oferta não foi suficiente para convencer de imediato os Bancroft de que sua venda para Murdoch — um homem tão demonizado, a quem Jack Shafer, editor da publicação on-line *Slate*, referia-se continuamente como um "velho canalha podre" — era a coisa certa a fazer.

A notícia sobre a oferta rapidamente provocou comentários de que outras empresas fariam uma contraproposta à Dow Jones. E Murdoch, como de hábito, partiu rapidamente para se defender.

Durante a teleconferência da News Corp. sobre ganhos do terceiro trimestre do ano fiscal de 2007 — apenas oito dias depois de anunciar sua oferta à Dow Jones — Murdoch afirmou que a Dow Jones tinha "uma grande coleção de bens", mas sustentou que era "uma empresa com recursos limitados".[5]

Murdoch também deixou claro que a oferta de US$ 60 por ação da Dow Jones seria a única. Não estava interessado em negociar um acordo caso os Bancroft esperassem conseguir mais dinheiro. Em outras palavras, ele se dispunha a desistir se os Bancroft não aceitassem o preço.

"Não teríamos feito essa oferta generosa se não tivéssemos confiança em nossa empresa. Fizemos uma oferta pelo que achamos que é um preço mais do que pleno e justo", disse Murdoch.[6]

Entretanto, a oposição ao negócio foi imensa. Vários membros da família Bancroft manifestaram relutância em vender a empresa a Murdoch por temerem o que aconteceria com a integridade e independência editorial do *Journal* e de outras publicações da Dow Jones.

Esse sentimento foi propagado pelo IAPE, sindicato que representava mais de duzentos trabalhadores da Dow Jones. No dia em que a proposta à Dow Jones foi anunciada, o IAPE emitiu dura declaração exortando os Bancroft a rejeitar o acordo.

"A equipe, de alto a baixo, opõe-se ao controle da Dow Jones & Co. por Rupert Murdoch. Desde a primeira metade do século XX, a família Bancroft defende a independência e a qualidade do *Wall Street Journal* e o transformou num dos grandes jornais do mundo. Já o senhor Murdoch tem mostrado disposição para destruir qualidade e independência, e não há motivo algum para achar que ele lidaria de maneira diferente com a Dow Jones ou com o *Journal*", disse o IAPE.[7]

Mas a dura realidade da situação era que Murdoch pusera a Dow Jones em jogo, pura e simplesmente. As ações aumentaram mais de 57% no dia em que a oferta foi anunciada, de modo que Wall Street apostava claramente que a empresa concordaria com uma venda cujo preço por ação giraria em torno dos US$ 60 oferecidos por Murdoch.

Não havia volta para os Bancroft nem para a diretoria da Dow Jones. Uma coisa era dizer não a Murdoch, mas grandes acionistas institucionais da empresa se revoltariam caso os Bancroft decidissem permanecer independentes. Suas opções eram aceitar a oferta de Murdoch ou encontrar um pretendente que fizesse uma contraoferta atraente.

Fechar o capital não era de fato uma opção viável para a empresa, uma vez que os mercados de crédito começavam a entrar em colapso na primavera de 2007, em virtude da crise no mercado hipotecário de crédito subprime. Empresas de capital privado teriam dificuldade de levantar o dinheiro necessário para financiar um negócio de mais de US$ 5 bilhões com a Dow Jones.

Além disso, muitas empresas de capital privado simplesmente não se interessavam por comprar uma empresa de crescimento lento como a Dow Jones, sobretudo com um prêmio de 65%. E Murdoch sabia disso.

"A economia dificulta que qualquer um faça esse negócio, exceto a News Corp. Certamente o sindicato está desesperado, e todos temem Murdoch. Mas qualquer jogador sério que queira ganhar dinheiro com a Dow Jones será duramente pressionado a pagar US$ 60 por ela", disse, logo depois de a oferta ser anunciada, Edward Atorino, analista que acompanha a indústria jornalística para a empresa de pesquisa Benchmark Company.[8]

Entretanto, em junho de 2007 o IAPE contratou um consultor para ajudá-lo a encontrar outros compradores. E realmente os nomes vieram à tona. Surgiram relatos de que o milionário magnata de supermercados Ron Burkle estava interessado em fazer uma oferta. Brian Tierney, dono do *Philadelphia Inquirer*, disse que se interessaria se conseguisse encontrar outros parceiros.

Brad Greenspan, empreendedor da internet, fez uma oferta formal de compra de 25% da Dow Jones pelo valor de US$ 60 por ação. Alegou que esse acordo daria à Dow Jones o dinheiro necessário para mantê-la em crescimento, além de permitir aos Bancroft manter o controle da empresa. Ironicamente, Greenspan era cofundador do MySpace. Mas deixara a Intermix Media antes de esta ser vendida para a News Corp.

Os investidores acharam que nenhum desses possíveis pretendentes faria uma oferta séria à Dow Jones. Mas grandes corporações pensaram seriamente no negócio. Essas empresas foram motivadas por um forte desejo de impedir a News Corp. e Rupert Murdoch de adquirir a proeminente fonte de notícias financeiras.

Antes de qualquer coisa, a General Electric foi vista como a empresa que mais perderia se a Dow Jones caísse nas garras de Murdoch. Embora a rede CNBC, da GE, tivesse um contrato para compartilhar as fontes de obtenção de notícias do *Journal* que duraria até 2011, algumas pessoas temiam que se Murdoch adquirisse a Dow Jones, tentaria reestruturar esse acordo.

No mínimo, muitos especialistas em mídia consideraram que a compra da Dow Jones poderia ser uma inteligente manobra de defesa para a General Electric. Tal manobra impediria Murdoch de ganhar o tipo de credibilidade no mundo do jornalismo financeiro que ele poderia usar para promover sua incipiente Fox Business Network (que teria de enfrentar de igual para igual a CNBC).

"Para Murdoch, esta é a oportunidade de desenvolver uma marca mundial ainda maior. Isso faz perfeito sentido", disse Larry Grimes, presidente do W. B. Grimes — banco de investimentos com sede em Gaithersburg, Maryland, que tem como foco fusões na mídia — no dia em que a oferta à Dow Jones foi anunciada.[9] Nesse sentido, Barry Ritholtz, diretor de pesquisas sobre investimentos da Fusion IQ, empresa de administração de bens com sede em Nova York, afirmou que a GE deveria comprar a Dow Jones simplesmente para mantê-la afastada da News Corp.

Ritholtz afirmou também que a combinação da Dow Jones com o resto das propriedades de mídia da NBC Universal poderia ser uma elegante solução para o seguinte problema enfrentado pela GE: a pressão de analistas e investidores institucionais para se desfazer da divisão de mídia que lutava para sobreviver. "Se a GE comprasse a Dow Jones, poderia elevar todo seu grupo de mídia como NBC Universal a uma avaliação mais elevada do que o valor atual", disse Ritholtz, acrescentando que não entendia por que a GE não fazia sua própria oferta à Dow Jones sem buscar apoio de outros.[10]

"Não consigo explicar por que a GE precisa de um parceiro. Isso seria um erro de cálculo para eles. A GE quer proteger a CNBC, e seria interessante para eles pegar todas as suas propriedades de mídia e fazer uma empresa autônoma", disse ele.[11]

Mas não era tão simples assim. Apesar de seu imaculado balanço financeiro, a GE não parecia disposta a desembolsar US$ 5 bilhões de seu próprio dinheiro apenas para jogar na defesa. Afinal de contas, um acordo com a Dow Jones sem dúvida diluiria seus ganhos a curto prazo, considerando o tamanho do prêmio necessário para superar a oferta de Murdoch.

Até que ponto Murdoch queria a Dow Jones? Considere isto: na época em que o acordo foi anunciado, a ferramenta de busca Google estava negociando na bolsa por valores 31 vezes maiores que as previsões de ganhos de 2007. Embora não fosse baixa, essa avaliação era considerada razoável por muitos investidores, uma vez que analistas de Wall Street previam que o lucro do Google aumentaria a uma taxa anual de 30% durante os anos seguintes. Afinal de contas, o Google era líder no mercado de propaganda em buscas on-line, uma das áreas de maior crescimento nos negócios de mídia. Por outro lado, a Dow Jones era uma pesada empresa jornalística. E embora estivesse se expandindo on-line, ainda estava atrelada à imprensa agonizante e não poderia esperar alcançar o potencial de crescimento do Google.

Mas a oferta de Murdoch de US$ 60 por ação da Dow Jones valorizou-a quase quarenta vezes além das estimativas de ganhos de 2007, um preço espantoso a ser pago por uma empresa cujos ganhos tinham, em média, uma expectativa de aumento anual de apenas 13% durante os anos seguintes, de acordo com analistas de Wall Street.

Murdoch esperava que sua "generosa" oferta intimidasse outras partes interessadas. Entretanto, a GE e outros consideraram fazer suas próprias ofertas à Dow Jones. Primeiro a GE tentou se associar à Microsoft para fazer uma proposta. Um mês depois de a News Corp. anunciar sua oferta, a GE e a Microsoft discutiram a possibilidade de superá-la. Mas a Microsoft recuou rapidamente.

Em seguida, a GE procurou a Pearson, empresa que já tivera uma participação de Murdoch (ele tinha 20% da empresa no fim dos anos 1980 e vendeu sua participação no auge da crise financeira da News Corp.). Diferentemente da Microsoft, a Pearson estava interessada. A empresa de mídia britânica também tinha um motivo convincente para manter a Dow Jones longe de Murdoch, já que o *Wall Street Journal* era um importante concorrente de seu *Financial Times* e da *Economist*, revista semanal de negócios da qual a Pearson tinha 50%.

De acordo com reportagens tanto do *Financial Times* quanto do *Wall Street Journal*, a Pearson e a GE chegaram a considerar a possibilidade de um acordo com a Dow Jones, de modo que os Bancroft pudessem manter 20% da empresa combinada.

O raciocínio era de que uma fusão da CNBC (da GE), do *Financial Times* (da Pearson) e da *Economist* com o *Wall Street Journal*, a Dow Jones Newswires, a revista semanal *Barron's* e o site MarketWatch criaria um líder sem rival no mundo das notícias financeiras. Uma combinação como essa dificultaria ao novo canal a cabo de negócios de Murdoch concorrer efetivamente com a CNBC. Seria muito difícil, se não impossível, que Murdoch comprasse o *Financial Times* e a Dow Jones se a GE decidisse intervir, uma vez que ele precisaria lidar não apenas com os Bancroft, mas também com executivos da GE e da Pearson.

Mas, assim como os outros supostos pretendentes, a GE e a Pearson não conseguiram chegar a um consenso. Apenas dez dias depois de anunciarem estar analisando o acordo, as duas empresas emitiram uma nota na imprensa para dizer que estavam oficialmente se retirando da disputa.

A GE admitiu que ela e a NBC Universal "sempre avaliavam oportunidades de aumentar o valor de seus negócios, particularmente quando estes envolvem marcas globais superiores como a CNBC, o Financial Times Group e a Dow Jones". Disse ainda que, recentemente, a GE e a CNBC haviam tido "discussões exploratórias com a Pearson sobre uma possível combinação dessas propriedades". Mas acrescentou que "depois de tais discussões, a GE e a Pearson decidiram não tentar essa combinação".

O boletim da Pearson continha palavras semelhantes ao da GE. Traduzindo, a GE e a Pearson teriam adorado comprar a Dow Jones, mas não teriam como justificar a seus acionistas o gasto de mais de US$ 5 bilhões para adquirir a empresa.

Enquanto um potencial comprador após outro se afastava do caminho, Wall Street foi se cansando cada vez mais das inúteis tentativas dos Bancroft de manter a Dow Jones longe de Murdoch. Todas elas acabavam por jogar o negócio exatamente nas mãos de Rupert. Tudo o que Murdoch tinha a fazer era sentar e esperar que os Bancroft finalmente o vissem como a única alternativa disponível.

Mark Boyar, gerente da empresa de fundos de investimentos Boyar Value, disse ter vendido sua participação na Dow Jones quando as ações estavam sendo negociadas entre US$ 56 e US$ 58. Ele afirmou ter se cansado das disputas entre os Bancroft envolvendo o acordo, além de não ter confiança de que fariam o que era certo para os acionistas e concordariam em vender a empresa à News Corp.

"Eu não iria esperar para ver se eles fariam o acordo. Eles são uma família muito imprevisível e problemática. Ainda tento entender por que há tanta preocupação com o negócio. Esse dinheiro caiu do céu para eles e, sendo da News Corp., permitiria ao *Wall Street Journal* continuar a crescer. Rupert não é o demônio que imaginam", disse Boyar.[12]

Ele acrescentou que Murdoch sabia muito bem o que estava fazendo ao oferecer tanto pela Dow Jones, uma vez que sua proposta espantava outros pretendentes. "Não há mais ninguém disposto a pagar US$ 60 por ação da Dow Jones. Não há ninguém disposto a pagar nem US$ 50 pela ação", disse Boyar.[13]

Porém, mesmo que houvesse compradores dispostos a pagar US$ 50 pelas ações da Dow Jones, a diretoria da empresa sabia que se arriscaria a enfrentar uma revolta de acionistas se aceitasse um acordo menor. Alguns achavam que investidores processariam a diretoria da Dow Jones por rejeitar o acordo. E Murdoch também sabia que pusera a empresa contra a parede.

"Se houvesse uma contraproposta, os diretores da Dow Jones realmente teriam um problema se aceitassem uma oferta menor. Seriam processados por acionistas. A empresa está em jogo, e nossa melhor suposição é de que Rupert prevalecerá. Ele é o único comprador lógico", disse Larry Haverty, administrador de portfólios e analista da GAMCO Investors, empresa de administração de investimentos que possuía ações tanto da Dow Jones quanto da News Corp.[14]

Com isso em mente, a Dow Jones anunciou — um dia antes de a GE e a Pearson desistirem oficialmente da possível oferta conjunta — que os Bancroft renunciavam à responsabilidade pelas negociações diretas com Murdoch e a News Corp.

Em declaração, a Dow Jones afirmou que "representantes da família Bancroft concluíram que a melhor maneira de continuar a avaliar a proposta da News Corporation para adquirir a companhia é o Conselho Diretor assumir a liderança para tratar de todos os aspectos da proposta e de todas as outras alternativas estratégicas, incluindo manter a independência".

A empresa expôs com firmeza. Os Bancroft "reiteraram que qualquer transação deve incluir disposições apropriadas com respeito à independência e integridade jornalística e editorial" e que "qualquer aquisição exigirá a aprovação do Conselho Diretor e dos acionistas que têm a maior parte do poder de voto da Companhia". A decisão de que a diretoria, não os Bancroft, negociaria o acordo com a News Corp. foi amplamente considerada por especialistas em mídia e investidores uma admissão de que a vitória de Murdoch era inevitável e iminente.

Mas nada foi tranquilo na batalha pela Dow Jones. E Murdoch tinha mais obstáculos para transpor antes de finalmente chamar o *Wall Street Journal* de seu.

Primeiramente, havia uma sensação crescente de que embora a diretoria da Dow Jones provavelmente aceitasse o acordo, Murdoch ainda poderia não conseguir obter votos suficientes de membros da família Bancroft para ter a aprovação da maioria dos acionistas que controlavam a empresa.

Alguns dos Bancroft rejeitavam a ideia de vender a Dow Jones a Murdoch em virtude de sua reputação de opressor — reputação que assegurava a publicação de reportagens que refletissem suas opiniões conservadoras em seus diversos veículos de notícias.

Muitos dos Bancroft eram bastante leais a seus funcionários e os apoiavam, particularmente aqueles do sindicato IAPE, que eram firmemente contra a ideia de vender a empresa para a News Corp.

Na verdade, alguns membros do IAPE chegaram a fazer uma paralisação em 28 de junho de 2007. Naquele dia, vários repórteres do *Wall Street Journal* decidiram não trabalhar — atitude que o sindicato traduziu como uma maneira de "demonstrar nossa convicção de que a integridade editorial do *Journal* depende de um proprietário comprometido com a independência jornalística".[15]

O sindicato acrescentou que seus membros estavam preocupados que a "longa tradição de independência, há décadas a marca de nossa cobertura de notícias, esteja ameaçada".[16]

Isso forçou Murdoch a ser um pouco mais conciliatório do que costumava. Mas só depois de, pela primeira vez, ameaçar desistir do negócio.

Em entrevista à revista *Time* no final de junho de 2007, Murdoch se mostrou absolutamente enfurecido com a ideia de que teria de compartilhar decisões cruciais com os Bancroft.

"Eles estão tirando US$ 5 bilhões de mim e querem manter o controle numa indústria em crise! Não podem vender a empresa e ainda controlá-la. Não é assim que funciona. Sinto muito!", gritou Murdoch ao telefone com uma pessoa não identificada, segundo a *Time*.[17]

David Joyce, analista que acompanha a News Corp. para o Miller Tabak + Company, banco de investimentos em Wall Street, afirmou na época que era uma tolice os Bancroft fazerem tantas exigências. Joyce achava que Murdoch não cederia a todas as reivindicações dos Bancroft, nem deveria.

"A família Bancroft quer algum poder de controle na independência da equipe editorial da Dow Jones. Mas, obviamente, se a News Corp. pagar US$ 5 bilhões, quer o controle. Isso é lógico", disse Joyce.[18]

No fim das contas, depois de várias reuniões com a diretoria da Dow Jones, Murdoch acatou, no fim de junho, um acordo que garantia algum nível de independência editorial na redação do *Journal* e de outras publicações da Dow Jones. E, em meados de julho, a News Corp. e a Dow Jones chegaram a um acordo temporário para a aquisição da empresa.

Mas para Murdoch isso não foi suficiente para enfim fechar o negócio. Passaram-se semanas enquanto vários membros distantes da família Bancroft continuavam a hesitar em concordar com a venda da Dow Jones à News Corp.

Segundo relatos, um dos familiares mais contrários ao negócio, Christopher Bancroft, diretor da Dow Jones, procurou fundos de hedge, empresas de private equity e outros investidores numa tentativa desesperada de convencê-los a comprar ações da Dow Jones para que pudessem votar contra o acordo.

Diretora-representante da família Bancroft, Leslie Hill teria pressionado a empresa a se reunir com Burkle para ressuscitar a possibilidade de uma oferta à Dow Jones.

E enquanto o fim do prazo autoimposto para a decisão sobre o negócio se aproximava rapidamente — às 17h (horário da costa leste) do dia 30 de julho — surgiram relatos de que outro ramo da família Bancroft — um truste com base em Denver que representava aproximadamente 9% das ações da Dow Jones com direito a voto — propunha à News Corp. elevar sua oferta pelas ações Classe B pertencentes em especial a membros da família Bancroft. Tais membros pediam que a News Corp. pagasse um prêmio de 10 a 20% sobre os US$ 60 por ação já oferecidos.

Em outras palavras, esses membros da família Bancroft exigiam de US$ 66 a US$ 72 por cada uma de suas ações da Dow Jones. Murdoch se recusou a atender ao pedido, o que não é de surpreender. Um gerente de investimentos que vendeu suas ações da Dow Jones antes da aprovação da fusão afirmou estar chocado com a audácia da exigência dos Bancroft de Denver. E disse que deve ter sido fácil para Murdoch desafiar o blefe.

"Murdoch vai exercer alguma pressão sobre os Bancroft no último minuto. Não é surpresa que a família tenha demorado tanto tempo para tomar uma decisão. Quanto tempo é preciso para fazer uma votação com essa generosa quantia sobre a mesa?", comentou Michael Chren, gerente do Allegiant Large Cap Value Fund. Chren disse ter vendido suas ações da Dow Jones em julho ao preço médio de US$ 58.[19]

Chren argumentou que, a não ser que conseguissem um comprador para a Dow Jones no último minuto, os Bancroft não tinham outra escolha senão aceitar a proposta da News Corp. Ele acrescentou que de modo algum Murdoch precisaria aumentar a oferta.

"Por que fazer uma oferta contra si mesmo?", comentou Chren. "As ações voltariam a quarenta ou trinta e poucos dólares no caso de uma dissolução, se os Bancroft rejeitassem a oferta."[20]

Vários membros dos Bancroft perceberam isso, e, enfim, Murdoch pôde declarar triunfalmente que conseguira assumir o controle do *Journal*.

Em 31 de julho de 2007, a News Corp. e a Dow Jones divulgaram uma nota na imprensa declarando que as duas empresas haviam assinado um acordo definitivo de fusão. Murdoch não precisou elevar sua oferta de US$ 60 por ação, mas, em vez de US$ 5 bilhões, o valor final do negócio chegou a US$ 5,6 bilhões, pelo fato de ter assumido a dívida da Dow Jones.

As empresas afirmaram que "certos membros da família Bancroft e os gestores de consórcios em seu benefício que possuem coletivamente um valor aproximado de 37% das ações da Dow Jones com direito a voto concordaram em aprovar a transação".[21] Portanto, Murdoch não venceu todos os Bancroft, mas conseguiu apoio necessário para assegurar que não teria problemas para receber a maioria das ações com direito a voto quando o negócio fosse levado a todos os acionistas. Poucos acionistas externos à família Bancroft se opuseram à oferta da News Corp.

Murdoch, porém, cedeu um pouco no controle editorial. Como parte do acordo de fusão, a News Corp. e a Dow Jones também "concordaram com os termos de um acordo editorial que prevê o estabelecimento de uma comissão especial de cinco membros com o objetivo de assegurar a contínua integridade e independência jornalística e editorial das publicações e serviços da Dow Jones".[22]

Murdoch foi cortês na vitória e tentou consertar algumas rusgas surgidas durante os três meses de luta pela Dow Jones.

"Estou profundamente satisfeito com o nível de apoio que recebemos da família Bancroft e de seus gestores. Considerando a longa e destacada história dos Bancroft como guardiões da Dow Jones, reconhecemos o quanto essa decisão foi difícil para alguns membros da família. Quero oferecer aos Bancroft meu agradecimento e assegurar-lhes que nossa empresa e minha família serão guardiões igualmente fortes", disse Murdoch em nota à imprensa.[23]

Nesse sentido, ao fechar o acordo a News Corp. também concordou em nomear um membro da família Bancroft para a diretoria da News Corp., o que foi agendado para o início de dezembro de 2007. Ainda assim os Bancroft não se tranquilizaram completamente. Numa declaração em separado, um porta-voz da família disse que "tem sido longo, complexo e árduo o processo de analisar a fundo um amplo leque de possíveis alternativas para a Dow Jones".

A família acrescentou: "Temos a mais fervorosa esperança de que nos próximos anos o *Wall Street Journal* continue a ter e merecer a admiração e o respeito universais que possui em todo o mundo, e de que o *Journal* e outros produtos impressos e publicações on-line da Dow Jones continuem a fazer grandes conquistas como parte de uma organização maior, bem capitalizada e global, comprometida em manter a longa tradição de excelência jornalística, independência e integridade editorial da qual todos nós tanto nos orgulhamos."

Leslie Hill, importante diretora que representava os interesses dos Bancroft, renunciou ao cargo no dia em que a fusão foi aprovada, por não concordar com o negócio. Em carta à diretoria, ela alegou que os bons termos financeiros do acordo não compensavam "a perda de uma organização de notícias global e independente com credibilidade e integridade incomparáveis".

Mas, ainda assim, Murdoch vencera a batalha. E embora precisasse esperar até dezembro para a Dow Jones se tornar oficialmente parte do império de mídia da News Corp., ele já tentava tornar o *Wall Street Journal* mais lucrativo e melhorar seu apelo a um público mais amplo.

Durante a teleconferência do quarto trimestre fiscal da empresa, em 8 de agosto de 2007, pouco mais de uma semana depois de secar a tinta do acordo de fusão, Murdoch afirmou ver uma oportunidade de cortar US$ 50 milhões das despesas da Dow Jones. Procurando afastar a ideia de que demissões em massa estavam por vir, ele acrescentou posteriormente, na mesma teleconferência, que o corte nas despesas não seria decorrente de demissões.

Apenas um mês depois, numa conferência de mídia do Goldman Sachs, Murdoch disse que a News Corp. "já identificara as fragilidades" na Dow Jones e que agora vislumbrava uma economia de mais US$ 100 milhões.[24]

Em agosto, Murdoch afirmou também que planejava investir pesado na Ásia e na Europa para competir mais efetivamente com o *New York Times* e outros jornais importantes. As publicações da Dow Jones — particularmente o *Journal* — precisariam cobrir mais assuntos "nacionais, internacionais e não relacionados a negócios".[25]

O comentário parecia confirmar os maiores temores de muitos críticos de Murdoch. Desde que a News Corp. anunciara sua intenção de comprar a Dow Jones, em maio de 2007, muitos observadores da mídia argumentavam que Murdoch não estava realmente interessado em ser o líder do jornalismo de negócios, mas em outros meios de promover seus negócios e interesses políticos nos Estados Unidos e no exterior.

Como a China se tornava um mercado cada vez mais atraente para os crescentes interesses internacionais de Murdoch em televisão por satélite e mídia digital, uma preocupação, em particular, era como se daria a cobertura da China pelo jornal. Afinal de contas, uma equipe de repórteres do *Journal* na China ganhara o Prêmio Pulitzer de reportagem internacional em 2007. A comissão do Pulitzer descrevera tal cobertura como "bastante incisiva acerca do impacto adverso do crescente capitalismo na China em condições que vão de desigualdade a poluição". O *Journal* continuaria a lançar um olhar duro sobre a China ou Murdoch vetaria isso?

"Esse acordo representa uma grande promessa e um grande perigo para o *Wall Street Journal*. O perigo para a empresa é a reputação de Murdoch. Se ele começar a se intrometer de maneira inconveniente, isso vai prejudicar", disse Rich Hanley, professor-assistente de jornalismo e diretor de programas de pós-graduação da Escola de Comunicação da Universidade de Quinnipiac, um dia depois do acordo de fusão.[26]

Nesse sentido, a Free Press, grupo nacional não partidário cujo objetivo é reformar a mídia, exortara os Bancroft a rejeitar a oferta de Murdoch. A Free Press argumentou que a permissão de controlar o *Journal* daria a Murdoch mais poder e influência do que ele já tinha.

"A compra do *Wall Street Journal* por Rupert Murdoch pode não ser ilegal, mas certamente é errada. O custo de dar a uma empresa — e a um homem — tanto poder na mídia é simplesmente alto demais", disse o presidente da Free Press, Robert W. McChesney, em declaração escrita duas semanas antes de a News Corp. e a Dow Jones finalmente chegarem ao acordo de fusão.[27]

"Menos de uma dúzia de veículos — as grandes redes de TV, alguns canais de notícias a cabo e poucos jornais — estabelecem a agenda nacional de notícias. Eles decidem o que a maioria dos cidadãos vai ou não saber. Se esse acordo sair, Murdoch controlará três deles: a Fox

Network, o Fox News Channel e o *Journal*. E isso é apenas a ponta do iceberg de seu império de mídia. Quando estará satisfeito?", prosseguiu McChesney.[28]

Repórteres da Dow Jones também tinham motivos para se preocupar. Logo depois de a News Corp. anunciar sua oferta à Dow Jones, em maio, Murdoch foi citado numa reportagem do *New York Times* dizendo que achava muitos artigos do *Journal* longos demais e que raramente conseguia terminar de ler alguns deles.

Isso preocupou o presidente do sindicato IAPE, Steve Yount, que escreveu uma carta aos seus membros na qual afirmava estar "particularmente preocupado" com os comentários de Murdoch.

"Temo que Murdoch não compreenda por que o *Wall Street Journal* é o *Wall Street Journal*. Nem tudo são cinco parágrafos e uma foto. A Dow Jones não se tornou a mais confiável fonte de notícias de negócios e informações do mundo servindo pedacinhos de notícias", escreveu Yount.

Mas muitos outros especialistas em mídia ficaram confusos com as críticas à Murdoch e sentiram que ele era esperto o suficiente para perceber que, se mudasse drasticamente o teor do conteúdo editorial e da cobertura do *Journal*, se arriscaria a afastar e perder não só leitores, mas também anunciantes.

"A ideia de que Murdoch vai destruir o *Journal* e pôr modelos nuas na primeira página é simplesmente tola. Ele é um operador de mídia experiente e bem-sucedido", disse James Owers, professor de finanças do Robinson College of Business, na Georgia State University, que acompanha de perto as fusões na mídia.[29]

Hanley admitiu que aquele era um motivo legítimo de preocupação com as mudanças que Murdoch poderia fazer na Dow Jones. Mas achava que Rupert teria o cuidado de não ir longe demais, uma vez que o principal grupo de leitores do *Journal* — homens e mulheres de negócios e executivos de alto nível — seria inteligente o suficiente para perceber o que estaria acontecendo.

"Os leitores são muito esclarecidos para serem manipulados, e isso seria autodestruição. Portanto, há um mecanismo inerente de autocorreção", disse ele.[30]

Murdoch não estava surdo às reclamações e críticas. Durante a teleconferência sobre ganhos em agosto de 2007, ele se queixou da maneira como estava sendo caluniado em muitas notícias sobre a saga da compra da Dow Jones. Em determinado momento, alegou sofrer críticas mais condizentes com um "tirano genocida".[31]

Murdoch rapidamente assegurou à comunidade financeira — inclusive, é claro, aos muitos funcionários do *Journal* e de outras publicações da Dow Jones — que grande parte das especulações sobre o que ele faria na empresa simplesmente não era verdade.

Ele defendeu a "credibilidade inquestionável" da Dow Jones e disse que este fora um dos motivos pelos quais pagara um preço tão alto pela empresa. Quando um repórter lhe perguntou se ele planejava autorizar o uso do nome Dow Jones em outros produtos, ele brincou: "Você não vai ver a Dow Jones em camisetas e bonés."[32]

Aparentemente, Murdoch percebeu que embora quisesse ver mais cobertura de assuntos políticos e acontecimentos internacionais, as notícias de negócios eram a maior força da Dow Jones. Nesse sentido, comunicou que procuraria fazer sinergias entre a Dow Jones e outros negócios da News Corp. particularmente a nova Fox Business Network, cujo lançamento estava marcado para outubro de 2007.

Murdoch prometeu tornar a Dow Jones um nome ainda maior no jornalismo on-line depois que o acordo fosse oficialmente fechado.

Nesse sentido, acrescentou que a News Corp. discutia com a Dow Jones a possibilidade de liberar para todos os leitores o site do *Journal*, que na época mantinha boa parte de seu conteúdo num "jardim cercado", disponível apenas para assinantes.

A questão da liberação do conteúdo on-line do *Wall Street Journal* era motivo de intenso debate nos círculos da mídia. De um lado, muitos especialistas argumentavam que o *Journal* precisava ser gratuito, para gerar mais trânsito no site e, portanto, mais renda com anúncios. Outros, porém, achavam que os leitores deveriam pagar pelo acesso, em virtude da qualidade das reportagens do *Journal*, e que, mesmo que a Dow Jones sacrificasse alguns acessos à página no processo, isso valeria a pena em razão da estabilidade decorrente das taxas de assinatura periódicas.

Em setembro, na conferência de mídia do Goldman Sachs, Murdoch alegou estar propenso a liberar todo o conteúdo, já que este parecia ser "o caminho que a indústria estava tomando... notícias grátis apoiadas por anúncios". Ele acrescentou que a chave para o acordo com a Dow Jones era assegurar que os leitores não fossem obrigados a fazer assinaturas on-line ligadas às da publicação impressa.

"A Dow Jones é um grande desafio, mas apresenta enormes oportunidades. Não nos importamos com a plataforma onde aparecem as reportagens. Somos neutros em relação às plataformas — o jornal de papel, o seu BlackBerry, o seu PC, qualquer que seja", disse ele.[33]

Mas levaria meses para Murdoch decidir qual a melhor maneira de lidar com esse dilema. No fim das contas, ele optou por uma abordagem híbrida, seguindo o exemplo de outros jornais proeminentes, como o *New York Times* e o *Financial Times*, que abriam grande parte de seus sites a todos os leitores mas não disponibilizavam todo o conteúdo gratuitamente.

Durante a teleconferência sobre ganhos em fevereiro de 2008, Murdoch disse que a News Corp. decidira tornar os artigos de opinião e os blogs livres para não assinantes, mas que "o grosso da cobertura central de negócios permanecerá por trás do muro da assinatura". E ainda enfatizou que isso permitirá ao jornal "ampliar seu alcance e ao mesmo tempo aumentar a renda com assinaturas".[34]

Mas Murdoch acrescentou rapidamente que não concluíra as mudanças na Dow Jones. Disse que seria adicionado mais conteúdo livre à versão on-line do *Journal*. "Mais mudanças estão em andamento na Dow Jones. Mudanças atraem mais leitores e anunciantes, permitindo-nos superar o desempenho da indústria de jornais em geral", disse. "Vamos fortalecer nossos veículos on-line. É ali que estamos investindo a maior parte de nosso tempo e concentração."[35]

Murdoch reiterou essa posição na conferência de mídia do Bear Stearns em março. Ele enfatizou que "a Dow Jones tem uma enorme oportunidade na internet", acrescentou que as notícias financeiras da empresa estavam entre "as informações mais valiosas do mundo" e que cabia à News Corp. "expandi-las cada vez mais rapidamente" na internet. Murdoch também admitiu não achar que a Dow Jones seria "um centro de lucro tão grande" quanto outros negócios da News Corp. Disse que talvez fosse "muito grande", mas que não seria tão lucrativa quanto a Fox News, por exemplo.[36]

Comentários como esse pareciam corroborar a ideia de que Murdoch não estava comprando a Dow Jones para elevar o valor das ações da News Corp., mas especialmente para tentar aumentar sua influência mundial por meio da cobertura do *Wall Street Journal*. E como a Dow Jones fora assumida pela News Corp., houve algumas mudanças observáveis no jornal.

Mas a maioria das mudanças realizadas na Dow Jones nos primeiros meses sob o comando de Murdoch foram superficiais. O jornal exibia sua cobertura política com mais destaque do que fizera no passado e também usava mais fotos, além das ilustrações em preto e branco que eram sua marca registrada.

Murdoch também levou alguns de seus mais confiáveis executivos da divisão internacional de jornais para supervisionar o gerenciamento da Dow Jones. Richard Zannino — que havia sido CEO da Dow Jones e era amplamente reconhecido por ter iniciado discussões mais produtivas sobre a fusão com Murdoch quando os Bancroft chegaram a um impasse — anunciou sua saída da Dow Jones em 7 de dezembro de 2007, seis dias antes de a News Corp. concluir oficialmente a aquisição.

Murdoch substituiu Zannino por Les Hinton, um antigo funcionário da News Corp. que iniciara sua carreira na empresa como repórter do *Adelaide News* e subira nos quadros do jornal até se tornar presidente da

News International, supervisionando as publicações britânicas de Murdoch, incluindo *The Times, The Sunday Times, The Sun, News of the World, The Times Literary Supplement* e *thelondonpaper*, um jornal gratuito.

Ao anunciar o novo cargo de Hinton, Murdoch o descreveu como "um dos mais respeitados executivos da indústria de mídia, com grande participação na introdução de inovações que foram reproduzidas em outras empresas jornalísticas no mundo".[37]

Além disso, Murdoch nomeou Robert Thomson — editor do *Times* desde março de 2002 e antes disso repórter e editor do *Financial Times* durante quase duas décadas — publisher da Dow Jones. Reportavam-se a Thomson o editor geral e o editor da página de editorial do *Wall Street Journal*; o editor geral da Dow Jones Newswires; e os editores da *Barron's* e do MarketWatch.com.

Murdoch exaltou o "brilhante instinto editorial" de Thomson e afirmou que isso, "combinado com seu aguçado senso de mercado, será tremendamente valioso nessa fase crítica da expansão do *Wall Street Journal* e de outras propriedades da Dow Jones".[38] Em seguida, Thomson foi nomeado editor-chefe do *Journal* em maio de 2008.

Murdoch também honrou a promessa de manter os Bancroft envolvidos com a empresa, nomeando Natalie Bancroft diretora da News Corp. Mas mesmo essa decisão foi recebida com ceticismo e desconfiança nos círculos da mídia, já que Natalie, cantora de ópera profissional de 27 anos, era pouco experiente em negócios de mídia.

Com mudanças na diretoria, a fusão foi finalmente concluída em 13 de dezembro. E, com a Dow Jones oficialmente parte da família da News Corp., Murdoch enfim saía vitorioso. Mas em muitos aspectos a batalha em torno da Dow Jones apenas começava. Agora Murdoch tinha de convencer muitos céticos acionistas e analistas de Wall Street de que o acordo havia sido apropriado.

Numa conferência sobre fusões na mídia em junho de 2007, em Nova York, houve acalorada discussão sobre os méritos do acordo.

Norman Pearlstine, na época um alto consultor do Carlyle Group, a proeminente empresa de investimentos, declarou que o negócio não fazia sentido para a News Corp., sobretudo a um preço tão alto. Essa era uma opinião potencialmente tendenciosa, considerando que Pearlstine havia sido editor no *Journal* e mais tarde comandara a Time Inc.

Pearlstine disse achar que o *Wall Street Journal* não ajudaria Murdoch em seu plano de lançar a Fox Business. Ele argumentou que a marca do *Journal* não necessariamente seria transferida para a televisão. Além disso, havia o fato de que a Dow Jones ainda manteria um relacionamento com a CNBC até 2011.

Pearlstine acrescentou que se a Dow Jones era de fato um bem tão importante que deveria ser mantido longe de Murdoch, então a GE, a Pearson ou mesmo a McGraw-Hill, proprietária da *BusinessWeek* e da Standard & Poor's, deveriam ter demonstrado disposição para igualar, ou mesmo cobrir, a oferta de Murdoch.

"Há algumas pessoas óbvias ali que poderiam ter feito um acordo. É de se pensar que a Dow Jones seria mais valiosa para a GE, para proteger a CNBC", disse Pearlstine, observando também que empresas de private equity estiveram notadamente ausentes na recente série de fusões de jornais, e sugerindo que a publicação de jornais não era um negócio muito atraente.[39]

Laura Martin, fundadora e CEO da Media Metrics, empresa de pesquisas que acompanha empresas de mídia, concordou com Pearlstine. Na época, ela tinha uma avaliação "de venda" sobre a News Corp. e disse que, para os acionistas desta, o acordo com a Dow Jones iria "destruir valor". Seu argumento era de que ao incorporar a Dow Jones a News Corp. ficaria mais sujeita ao lento crescimento dos negócios de jornais.

Mas Murdoch também teve seus defensores. Na mesma conferência, John Chachas, diretor-geral de mídia e telecomunicações do banco de investimentos Lazard, disse que a combinação da News Corp. com a Dow Jones era "um negócio brilhante". Seu principal argumento era de que o acordo ajudaria a News Corp. a lançar a Fox Business ainda naquele ano, como era sua intenção.[40]

E Richard Bilotti, que durante muito tempo havia sido analista de mídia e entretenimento do Morgan Stanley, afirmou que embora achasse o negócio caro, a longo prazo seria compensador para Murdoch. Ele argumentou que as críticas ao acordo se concentravam demais no preço, no enfraquecimento dos jornais e nos benefícios a curto prazo. Bilotti acreditava que Murdoch oferecia muito dinheiro por achar que a Dow Jones poderia crescer sob seu comando num prazo de três a cinco anos, e não no trimestre seguinte.[41]

Em julho de 2007, um investidor da News Corp. disse também achar infundadas as críticas ao negócio. "Realmente não estou preocupado. Trata-se de um negócio único, uma vez que a Dow Jones é um troféu", disse Scott Black, presidente da Delphi Management, que na época possuía cerca de 475 mil ações da News Corp. "Isso não quer dizer que a News Corp. vai comprar a Gannett, por exemplo, ou fazer mais investimentos em jornais tradicionais."[42]

Black achava que a aquisição da Dow Jones, embora cara, fazia sentido para a News Corp., uma vez que poderia ajudá-la a lançar com mais força o Fox Business Channel. Ele afirmou que havia oportunidades de cortes de custos e a capacidade de promover as publicações da Dow Jones não apenas na Fox Business, mas também na Fox News e em suas redes mundiais de TV por satélite. "Percebo que sinergia é uma palavra muito usada de qualquer maneira. Mas há muitas oportunidades de extrair valor da Dow Jones", disse Black.[43]

O banqueiro de investimentos em mídia Reed Phillips, da DeSilva & Phillips, concordou com a avaliação. "Isso é uma aberração. Eu sequer compararia o *Wall Street Journal* e a Dow Jones com outros jornais em geral. As características do *Journal* são bem diferentes dos jornais diários. Trata-se de uma publicação nacional de negócios, e é por isso que Murdoch a queria. Não acho que a Dow Jones esteja sofrendo o impacto das forças que reduzem o valor de outras empresas de jornais", disse ele.[44]

Mas as preocupações com o bom senso do negócio continuaram depois de a News Corp. e a Dow Jones finalmente concordarem com a fusão, no fim de agosto. Em relatório feito no fim de novembro, Martin reiterou sua avaliação "de venda" sobre a News Corp. Ela analisou a fundo as áreas nas quais a News Corp. vinha investindo seu capital nos últimos anos e achou que Murdoch estava cometendo alguns erros cruciais.

Martin observou que tanto os jornais da empresa quanto as divisões de publicação de livros haviam tido um enorme aumento de gastos de capital nos últimos anos, embora essas divisões estivessem entre aquelas que obtinham os menores retornos sobre ativos (ROAs) para a News Corp. Os gastos com capital na divisão de jornais (sem incluir a Dow Jones) haviam quase dobrado desde o ano fiscal de 2004.

Ela argumentou ainda que o foco da empresa no lento crescimento de seus jornais ofuscava o rápido crescimento da unidade Fox Interactive Media, que inclui o site de relacionamento MySpace, o site de jogos IGN e o site Photobucket, de hospedagem e compartilhamento de imagens.

"Segmentos com os menores ROAs e os menores crescimentos de ganhos relataram os maiores aumentos em gastos de capital a partir do ano fiscal de 2004", escreveu ela. "Como não há previsão de nada que impeça uma maior intensidade de capital, recomendamos aos investidores evitar as ações [da News Corp.] nos atuais níveis de preço."

Ela não estava sozinha em seu ceticismo. Num amplo estudo sobre as perspectivas do setor de mídia para 2008, publicado em dezembro de 2007, o analista Spence Wang, do Bear Stearns, escreveu que o negócio com a Dow Jones não era "particularmente um bom uso de capital para a News Corp." e que "não acreditava que o acordo criaria valor para os acionistas da News Corp.".

E a fraca estreia da Fox Business Network pode ter criado alguns furos no argumento de que a decisão de comprar a Dow Jones era acertada em virtude do possível impacto favorável sobre o lançamento dessa nova rede de TV. A Nielsen Media Research, empresa de pesquisas de audiência em televisão, afirmou não ter revelado oficialmente os índices de audiência da Fox Business em seus primeiros dois meses no ar, uma vez que estes não haviam atingido o limite mínimo da média da Nielsen, 35 mil telespectadores por dia.

No dia da estreia da Fox Business, um especialista em televisão previu que no início a audiência seria baixa, mas acrescentou ser um erro apostar contra Murdoch e Ailes, particularmente pelo tempo que Ailes tinha na CNBC.

"Obviamente precisamos esperar para ver os números, e vai demorar um pouco para a Nielsen captá-los em seu radar", disse Jordan Breslow, diretor de pesquisa em mídia da Mediacom, empresa de compra de mídia pertencente à agência de propaganda WPP Group. "Mas não há motivo para achar que a Fox não terá sucesso, porque eles têm pessoas por trás da rede que sabem o que estão fazendo. A concorrência é sempre saudável, e só há um outro ator tão importante nas notícias de negócios a cabo."[45]

Murdoch não se intimidou com as crescentes críticas à aposta na Dow Jones e na Fox Business. Durante a teleconferência da News Corp. sobre ganhos no segundo trimestre fiscal de 2008, em fevereiro daquele ano, ele e Chernin indicaram que estavam confortáveis com o desempenho da Fox Business. Disseram não estar surpresos com a baixa audiência, e que a rede estava perdendo menos dinheiro do que eles haviam previsto para aquele período.

Além disso, para uma empresa do tamanho da News Corp., gastar US$ 5,6 bilhões na Dow Jones e algumas centenas de milhões para lançar a Fox Business não era arriscar a falência. "Rupert não está apostando toda a empresa nessa aquisição", disse James McGlynn, gerente do Summit Everest Fund — que possuía cerca de 44 mil ações da News Corp. —, pouco depois de a Dow Jones finalmente fechar o acordo, em agosto de 2007.[46]

Mas McGlynn acrescentou não esperar que a transação com a Dow Jones tivesse algum impacto material, positivo ou negativo, sobre os ganhos da empresa a curto prazo. E isso tudo leva novamente a questionar se a compra da Dow Jones, antes de mais nada, realmente valia a pena. A posse da Dow Jones de fato aumentará o valor da ações para os investidores da News Corp. ou todo o processo de negociação foi apenas um projeto da vaidade de Murdoch?

Só o tempo dirá se o acordo realmente trará dividendos para a News Corp. ou se para Murdoch foi simplesmente um afago no próprio ego no valor de US$ 5,6 bilhões. De um jeito ou de outro, as consequências da compra da Dow Jones provavelmente serão conduzidas por outra pessoa, não por Murdoch. Embora não dê sinal algum de cansaço, Rupert completou 78 anos em março de 2009. E já começou a preparar o palco para seu sucessor.

8. Tudo em família

"Eu só quero viver para sempre", disse Murdoch em fevereiro de 2007. Ele já disse isso em inúmeras ocasiões e provavelmente continuará dizendo. A impressão é de que ele acredita que se continuar a falar sobre imortalidade, realmente encontrará um meio de consegui-la.

Murdoch também gosta de citar o exemplo de sua mãe, Elisabeth Murdoch, que fez 99 anos em fevereiro de 2007, ainda bastante ativa. Em outras palavras, Rupert poderá muito bem continuar como presidente e CEO da News Corp. por mais uma década.

"Mantenha-se ocupado de manhã, de tarde e de noite", disse Elizabeth a repórteres numa festa em Melbourne, Austrália, pouco antes de seu aniversário. "Tenho certeza de que ficar ocupado é melhor do que você imagina. Todos nós ficamos melhores quando estamos um pouco ativos", acrescentou ela.[1]

Entretanto, a não ser que Murdoch consiga o que o explorador espanhol Ponce de León não conseguiu no século XVI (ele procurou em vão a Fonte da Juventude), não adianta agir como se não precisasse de um plano de sucessão.

Na maioria das empresas de capital aberto, encontrar um novo CEO e presidente é assunto do conselho diretor. É claro que a News Corp. não é exceção. Mas a News Corp. também é herança de Murdoch. Seus dois filhos, Lachlan e James, são membros da diretoria da empresa. E Rupert não esconde a esperança de que um Murdoch comande a News Corp. depois que ele sair.

"Este é um assunto para a diretoria, mas é melhor eles levarem em conta o que pensam os acionistas. Minha família tem cerca de 40% das ações", disse Murdoch no início de 2007.

Durante algum tempo, Lachlan, o filho mais velho, foi considerado o sucessor de Murdoch. Mas em meio a relatos sobre crescentes desavenças entre os dois em virtude da insatisfação do filho com o estilo de administração do pai, Lachlan deixou o cargo de subchefe de operações em agosto de 2005.

"Renunciei hoje ao meu cargo executivo na News Corporation. Permanecerei na diretoria e estou animado com o meu contínuo envolvimento com a companhia numa posição diferente. Anseio por voltar para casa, na Austrália, com minha mulher, Sarah, e meu filho, Kalan, num futuro muito próximo. Gostaria de agradecer especialmente a meu pai por tudo que ele me ensinou nos negócios e na vida. Agora é hora de aplicar essas lições na próxima fase de minha carreira", disse Lachlan em declaração.[2]

Rupert disse mais tarde, em declaração, que estava particularmente triste com a decisão do filho. "Agradeço a ele por sua tremenda contribuição para a companhia e também por concordar em permanecer na diretoria e nos assessorar em diversas áreas. Respeito o profissionalismo e a integridade que ele tem demonstrado em sua carreira na News Corporation. Suas conquistas incluem levar todas as suas divisões de reportagens a registrar lucros e o *New York Post* à maior circulação que já teve. Sou grato por continuar a contar com o benefício da assessoria e sabedoria de Lachlan em sua contínua participação na diretoria da companhia."[3]

Lachlan fundou sua própria empresa de investimentos na Austrália, chamada Illyria. E em janeiro de 2008, ele fez a primeira tentativa de construir seu próprio império de mídia. Numa atitude que não foi surpresa, seguiu o exemplo do pai e tentou adquirir uma empresa com negócios em publicações, televisão por assinatura, TV a cabo e internet.

A Illyria anunciou que estava se unindo à Consolidated Press Holdings (CPH), empresa de mídia dirigida por James Packer, filho do falecido bilionário australiano Kerry Packer, para fazer uma oferta pela Consolidated Media Holdings (CMH). Empresa de capital aberto, a CMH tem participações na empresa de TV a cabo australiana Foxtel, na editora de revistas e proprietária de rede de televisão PBL Media e no site australiano de empregos Seek.com. Tem ainda uma parte do Premier Media Group, coproprietário da Fox Sports na Austrália.

A CPH já possuía 38% da Consolidated Media Holdings. A oferta Illyria-CPH valorizou as ações da CMH em 30% acima do valor pelo qual estas estavam sendo negociadas um dia antes da proposta, o que demonstrou que Lachlan provavelmente aprendera com o pai que pagar demais por um bem é uma maneira de assegurar que você pode ter sucesso em sua tentativa de assumir o controle. Em outra referência a Rupert, Lachlan indicou que não negociaria com a CMH, considerando que aquela era a oferta "final" da Illyria.

"Estamos bem posicionados para trabalhar com os negócios do portfólio existente dos coproprietários da Consolidated Media Holdings para investir nesses bens e desenvolvê-los", disse Lachlan em declaração sobre a oferta. E com um pouco de excesso de confiança — outra característica provavelmente herdada do pai — Lachlan considerou a "combinação única de experiência em TV por assinatura, aberta e mídia impressa" da Illyria capaz de dar à CMH capacidade para "novas oportunidades de crescimento a longo prazo". A Illyria fora estabelecida em 2005, e a oferta à CMH era sua primeira grande investida nos negócios de mídia. Antes disso, fizera apenas um empreendimento conjunto com a empresa indiana de relações públicas Percept Group para montar uma agência de representação de celebridades e atletas em 2007.

O negócio com a CMH esbarrou numa dificuldade em março de 2008, quando a SPO Partners, empresa americana de investimentos privados, mudou de ideia quanto a dar apoio financeiro à Illyria e a Packer. Um mês depois, Lachlan Murdoch e Packer desistiram de comprar a CMH, já que não conseguiam encontrar novo parceiro. Mas mesmo com o fracasso do negócio, Lachlan presumivelmente ainda está fora do quadro de sucessão, agora que demonstrou vontade de construir sua própria mini-News Corp.

Murdoch também tem duas filhas mais velhas: Prudence, do primeiro casamento, com Patricia Booker; e Elisabeth, que, assim como Lachlan e James, é filha de sua segunda mulher, Anna Torv. Prudence nunca se envolveu muito nos negócios da News Corp., mas Elisabeth, assim como seus irmãos, tinha participação ativa na empresa. Foi diretora-executiva da BSkyB de 1996 a 2000 e responsável por supervisionar programas não relacionados a esportes e marketing para consumidores. Entretanto, assim como Lachlan, Elisabeth tem demonstrado propensão à independência.

Ela deixou a BSkyB em 2000 e em 2001 criou a Shine Limited, empresa de produção de televisão independente na qual a BSkyB tem uma participação minoritária. "Gostei muito de meus quatro anos na Sky. É uma empresa para a qual me orgulho de ter trabalhado e contribuído. Na Sky, tive o privilégio de trabalhar com alguns dos melhores executivos de televisão e lamento deixar essa equipe vencedora. Mas este é um excelente momento para buscar algo em que venho pensando há algum tempo", disse Elisabeth em declaração sobre sua saída da Sky.[4]

Portanto, a não ser que Rupert decida permanecer como presidente e CEO da News Corp. pelos próximos vinte anos — o suficiente para suas filhas mais novas, Chloe e Grace, crescerem e terem seus nomes incluídos nas especulações sobre a sucessão — parece cada vez mais provável que o filho mais novo, James, seja o novo líder da News Corp.

Essa ideia se tornou mais forte em 2007, quando James anunciou que deixava o comando da BSkyB para se tornar presidente e CEO das operações da News Corp. na Europa e na Ásia. Como era de se esperar, a decisão causou o mesmo alvoroço de quatro anos antes, em 2003, quando James se tornara CEO da BSkyB. Na época, houve acusações previsíveis de nepotismo, e Rupert Murdoch, como costuma acontecer, teve que reagir rapidamente e enfrentar as críticas.

"O Conselho Diretor e eu estamos satisfeitos com o fato de a Comissão de Nomeação ter concluído sua tarefa e ser unânime em sua convicção de que James é o homem certo para esse trabalho. Ele sucede uma série de notáveis CEOs — Sam Chisholm, Mark Booth e Tony Ball. Tenho confiança de que James dará prosseguimento não só ao trabalho deles, mas também ao sucesso da empresa", disse Rupert Murdoch na declaração em que anunciou a nomeação do filho.[5]

O predecessor imediato de James Murdoch, Tony Ball, descreveu-o como "um executivo extraordinário que eu sei que tem capacidade e determinação para levar a empresa adiante". E James Murdoch, chamando a Sky de "uma das grandes novas empresas industriais de um grupo muito pequeno da Grã-Bretanha" prometeu manter a empresa no topo dos negócios de televisão por satélite no Reino Unido e fortalecê-la ainda mais nos próximos anos.[6]

"Trata-se de uma líder mundial em televisão de multicanais e de um negócio inovador que está, desde o início, na vanguarda do avanço tecnológico e criativo. É um privilégio ter a oportunidade de fazer parte do futuro da empresa. Anseio particularmente por trabalhar com as pessoas da Sky que têm tido um papel-chave em seu sucesso, e por trabalhar para todos os acionistas com a finalidade de gerar um valor ainda maior", disse James Murdoch.[7]

Tenha isso importância ou não, analistas têm dito que James Murdoch fez um trabalho admirável durante o tempo em que esteve no comando da BSkyB. E como provou ser um executivo capaz na BSkyB, investidores da News Corp. teriam menos motivos para se preocupar com sua ascensão ao topo do quadro de executivos da empresa. Na BSkyB, James Murdoch teve, em 2006, a ousada atitude de comprar 17,9% da adversária ITV, o que foi considerado uma estratégia inteligente para impedir a MTV de se fundir com a empresa de serviços a cabo Virgin Media, de Richard Branson. Essa fusão teria tornado a Virgin uma ameaça muito maior à BSkyB. Mas o investimento na ITV também levantou algumas preocupações antitruste e, em janeiro de 2008, o governo britânico ordenou que a BSkyB reduzisse sua participação na ITV a menos de 7,5%.

A gestão de James Murdoch, porém, não foi sucesso absoluto. As ações da BSkyB cresceram apenas 10% durante seus quatro anos como CEO da empresa. A título de comparação, as ações da News Corp. cresceram aproximadamente 15% durante o mesmo período. Entretanto, os dois estoques de ações tiveram um desempenho bem inferior no mercado mais amplo, já que o índice S&P 500 — do qual a News Corp. é membro — teve um ganho de cerca de 40% entre novembro de 2003 e dezembro de 2007.

Mas parte do motivo do desempenho inferior da BSkyB pode ser atribuído ao fato de James Murdoch ter decidido investir pesado na construção da internet de banda larga da BSkyB e em ofertas ligadas a telefone, num momento em que as empresas de telecomunicações britânicas começam a se tornar concorrentes mais agressivos em negócios de vídeo. É algo parecido com o que aconteceu com as empresas de telecomunicações e os negócios de vídeo nos EUA. A longo prazo, isso poderá se revelar uma estratégia inteligente. Mas a curto prazo, o surgimento de novos serviços prejudica os lucros e, por conseguinte, as ações. No mínimo, a decisão de não ficar parado prova que James, assim como Rupert, não teme correr riscos, mesmo que isso signifique despertar a ira de investidores.

Não há dúvida de que o preço das ações da BSkyB ficou atrás do preço das ações da News Corp. e do mercado durante todo o mandato de James Murdoch. Mas as ações tiveram seu melhor desempenho durante seus dois primeiros anos no cargo. Na verdade, tiveram um desempenho superior ao do mercado em 2006 e 2007 e foram até melhores que a News Corp. nesses dois anos.

Mas se questiona quão pronto James — que fez 36 anos em dezembro de 2008 — estaria para assumir o principal cargo da News Corp. se a oportunidade surgir nos próximos anos. O próprio Rupert admitiu, em fevereiro de 2007, durante sua apresentação na conferência da McGraw-Hill, que "ainda é muito cedo para dizer se James poderá ser um grande CEO".[8]

E dirigir toda a News Corp. certamente é uma tarefa muito mais significativa do que simplesmente dirigir a BSkyB. Embora venha se envolvendo em muitos aspectos dos interesses globais da News Corp., James Murdoch ainda é, em grande medida, um desconhecido para os observadores da mídia e investidores americanos. E apesar de seu alcance global, a News Corp. gera mais da metade do total de suas vendas nos Estados Unidos, e tem sua sede lá.

Se um dia dirigir toda a empresa, em algum momento James Murdoch precisará se envolver mais com a rede de televisão e o estúdio de cinema da Fox, bem como com o próspero negócio de televisão a cabo da empresa nos EUA.

Além disso, investidores devem legitimamente questionar se James é de fato a melhor pessoa para suceder Rupert, ou se ele será um dia simplesmente recompensado com o cargo por esse ser considerado seu direito nato. A história recente indica resultados bastante diversos quanto ao sucesso das empresas de mídia controladas por famílias nos Estados Unidos.

O *Washington Post* é talvez o melhor exemplo de uma transição sem rupturas dentro de uma empresa de mídia dirigida por família. Eugene Meyer, que comprou o jornal em 1933, passou a liderança da empresa para sua filha Katharine Graham, considerada uma das pessoas mais importantes nos negócios de mídia durante as duas décadas em que dirigiu a empresa. Foi durante esse período que o *Washington Post* publicou uma série de reportagens sobre o escândalo Watergate no governo Nixon. Hoje, o jornal é comandado por Donald, filho de Graham, que em 1991 assumiu a liderança da empresa como presidente e CEO. Graças em parte a investimentos externos aos negócios de mídia — mais notadamente a compra da Kaplan, empresa de testes educacionais —, o *Washington Post* tem tido sistematicamente um dos melhores desempenhos em ações ano após ano.

A Comcast, gigante de serviços a cabo, é outro bom exemplo do que acontece quando um filho herda o principal cargo de um pai para o benefício dos investidores. O atual CEO da Comcast, Brian Roberts, que substituiu Ralph Roberts, seu pai e fundador e presidente da empresa, é amplamente reconhecido como um dos executivos mais experientes e astutos nos negócios a cabo. Sob sua liderança, a Comcast fez várias aquisições que permitiram à empresa deixar de ser primordialmente regional para se tornar a maior companhia de televisão a cabo dos Estados Unidos.

Mas nem todas as empresas familiares de mídia têm final feliz para os acionistas. Embora Graham e Roberts sejam aclamados por investidores e respeitados por seus colegas, o mesmo não se pode dizer do CEO da Cablevision, James Dolan, filho de Charles Dolan, fundador e presidente da empresa. James, que tem um papel importante na administração de duas franquias da Cablevision nos esportes profissionais — o New York Knicks, da Associação Nacional de Basquete, e o New York Rangers, da Liga Nacional de Hóquei —, é frequentemente atacado tanto pela imprensa esportiva quanto por repórteres de finanças, em virtude do mau desempenho dos times e de suas decisões questionáveis em relação tanto aos jogadores quanto à sua administração. Além disso, James e Charles Dolan se envolveram numa discussão pública por conta da decisão da Cablevision de encerrar um serviço de televisão por satélite lançado pela empresa. James defendia o fim do serviço e Charles, não. O satélite da empresa e sua alocação acabaram sendo vendidos à EchoStar, televisão por satélite rival.

Outra empresa familiar, a rede de TV a cabo Adelphia, foi à falência sob o comando de seu fundador, John Rigas, e de seu filho, o chefe financeiro Timothy Rigas. Além disso, ambos foram condenados por fraudes em títulos e foram presos em agosto de 2007. A Adelphia acabou sendo vendida aos poucos à Comcast e à Time Warner.

É claro que é cedo demais para dizer se James Murdoch será mais parecido com Brian Roberts ou com James Dolan.

Mas James Murdoch já imprimiu sua marca na News Corp. Teve uma importante atuação para tornar a News Corp. uma empresa "mais verde". Em janeiro de 2008, anunciou que a News International, principal subsidiária britânica da News Corp. e proprietária de todos os jornais britânicos da empresa, reduzira suas emissões de carbono em 21% em relação ao ano anterior e estava a caminho de se tornar "neutra em carbono", zerando suas emissões.

"Isso é um marco importante para a News International, mas é apenas o começo. A chave para o programa ambiental de qualquer empresa é melhorar sua eficiência em energia, e temos muito a fazer nesse campo. Mas é um bom começo, e estou feliz por ver que nossos fornecedores também trabalham duro para implementar as melhores práticas de energia. Como grande empresa de mídia, alcançamos um público amplo tanto no Reino Unido quanto no restante do mundo. É importante transmitir aos nossos leitores, anunciantes, parceiros em negócios e à nossa equipe a mensagem de que estamos progredindo bem numa questão com a qual nos preocupamos bastante, e eles também", disse James Murdoch em declaração.[9]

O programa, na verdade, é parte de algo mais amplo na News Corp.: a Global Energy Initiative, que a empresa descreve como um "esforço para fazer sua parte na solução do problema climático, transformando o uso de energia em suas operações e envolvendo seus milhões de leitores e internautas em questões ambientais". A empresa pretende que em 2010 todas as suas unidades estejam com as emissões de carbono neutralizadas, e James Murdoch tem sido amplamente apontado como o responsável por ajudar seu pai a encontrar uma nova religião no empenho em se tornar "verde".

Durante discurso em Tóquio, em novembro de 2006, Rupert Murdoch afirmou: "Até recentemente, eu era cauteloso com o debate sobre aquecimento." Mas agora ele sentia uma "responsabilidade de assumir a liderança nessa questão". Ele elogiou James, que na época ainda comandava a BSkyB, por "neutralizar as emissões de carbono em sua empresa" e provar que "ser ambientalmente saudável não é um sentimentalismo. É uma estratégia de negócios sadia e um exemplo que toda a News Corporation está se esforçando para imitar".[10]

Quando Rupert Murdoch anunciou a Global Energy Initiative, em maio de 2007, houve momentos em que ele quase soou como Al Gore, o que, é claro, é irônico, considerando o modo como o *New York Post* e a Fox News zombavam rotineiramente do ex-vice-presidente e ex-candidato à presidência dos Estados Unidos.

"Se vamos nos conectar com nossas audiências nessa questão, precisamos primeiramente colocar a casa em ordem. Acabamos de iniciar esse esforço e temos um longo caminho a percorrer. Nosso alcance global nos dá uma oportunidade sem precedentes de inspirar ações em todos os cantos do mundo. O problema do clima não será resolvido sem a participação maciça do público em geral em todos os lugares", disse Rupert Murdoch.[11]

Apesar dos esforços iniciais de James Murdoch para tornar a News Corp. uma empresa ambientalmente mais simpática, e apesar de sua aparente disposição para estender a mão a rivais de seu pai, alguns analistas acreditam que ele tem um longo caminho a percorrer antes de provar que consegue dirigir toda a empresa. Além disso, agora que está mais uma vez supervisionando os negócios na China, suas observações de que a Falun Gong é um culto "perigoso" poderão se voltar contra ele em meio a acusações de que, assim como seu pai, ele pode exercer influência por meio das propriedades de mídia da News Corp. para obter favores do governo chinês.

Em seu testemunho à Câmara dos Lordes em janeiro de 2008, Andrew Neil, que durante muito tempo foi editor do *Sunday Times*, da News Corp., admitiu não acreditar que James Murdoch tenha "as fortes opiniões políticas" de seu pai, mas acrescentou que era razoável supor que James Murdoch poderia agir de maneira semelhante a Rupert: usando sua influência editorial em favor dos interesses da empresa.

"Presumo que parte do motivo pelo qual ele recebeu o cargo foi o seu DNA. Portanto, tenho certeza de que, em parte, isso [a necessidade de exercer controle] está em seu DNA", disse Neil, com humor.[12]

Tudo isso leva àquela que talvez seja a maior questão enfrentada atualmente pelos acionistas da News Corp. Correndo o risco de parecer mórbido, se Rupert Murdoch fosse morto por um raio ou enfrentasse algum problema de saúde que o tornasse incapaz de continuar a atuar como presidente e CEO da News Corp., quem assumiria o controle da empresa? Estaria James Murdoch pronto para assumir esse papel ou precisaria de um CEO tutor até que ele estivesse, de fato, pronto para assumir o lugar de seu pai como presidente da News Corp.?

Entra em cena Peter Chernin. Chernin tem sido um confiável e leal executivo da News Corp. desde que ingressou na empresa, em 1989, como presidente de entretenimento da Fox Broadcasting. Em 1992, foi promovido a CEO da Fox Filmed Entertainment. Desde 1996, é o segundo no comando de Rupert, atuando como presidente e chefe de operações da News Corp.

É difícil imaginar como a News Corp. teria alcançado a posição que ocupa hoje, particularmente nos Estados Unidos, sem o envolvimento de Chernin. Durante seu período como presidente da Fox, a rede iniciante lançou vários programas que a impulsionaram, inclusive *Os Simpsons* e *Barrados no baile*. E enquanto ele supervisionava o estúdio de cinema, a Fox lançou vários enormes sucessos de bilheteria, incluindo *Velocidade máxima, Uma babá quase perfeita, True Lies, Independence Day* e o filme de maior faturamento de todos os tempos, *Titanic*, que a Fox coproduziu com a Paramount, da Viacom.

Frequentemente, Chernin tem sido citado como principal candidato a se tornar CEO de uma grande empresa de mídia, mas não da News Corp., uma vez que a suposição geral é de que algum dia um Murdoch mais novo substituirá Rupert.

Mas mesmo antes de Lachlan Murdoch deixar a News Corp., em 2005, parecia que Rupert Murdoch já havia percebido a competência de Chernin como executivo, e que ele deveria mantê-lo em vez de deixar que fosse levado por um concorrente.

Como resultado, Chernin assinou um novo contrato de cinco anos com a News Corp. em julho de 2004 — um contrato para mantê-lo como presidente e chefe de operações da empresa até junho de 2009. Murdoch falou entusiasticamente sobre Chernin ao anunciar o novo contrato.

"Peter tem sido um colega próximo e confiável há mais de uma década, e estou satisfeito por a News Corporation continuar se beneficiando de suas qualidades dinâmicas ainda por muitos anos. Ele tem realizado um excelente trabalho, ampliando e operando nossos negócios centrais de entretenimento num mercado global cada vez mais desafiador. Peter é respeitado em toda a nossa empresa e na indústria por sua inteligência, determinação e liderança", disse Murdoch.[13]

De sua parte, Chernin disse que se sentia privilegiado por trabalhar com "a mais talentosa, criativa e agressiva equipe de administração de negócios". E acrescentou: "Tenho também uma sorte enorme por ter trabalhado lado a lado com Rupert enquanto a News Corporation se tornava a empresa de mídia global que é hoje e anseio por ampliar nossos sucessos ao longo dos próximos anos."[14]

Apesar de parecer que Chernin estaria comprometido durante os anos seguintes, isso não impediu que as pessoas discutissem a possibilidade de ele deixar a News Corp. caso surgisse um cargo de CEO em outra empresa. Isso porque, de acordo com os detalhes de seu novo contrato, registrado na SEC em novembro de 2004, Chernin teria permissão para deixar a empresa sem avisar se quisesse se tornar CEO de outra empresa de capital aberto. Caso quisesse sair para presidir uma empresa de capital fechado ou uma unidade de outra empresa de capital aberto, teria de avisar seis meses antes.

Na época, isso foi interpretado como uma maneira de Chernin optar por sair se fosse aberto o cargo de CEO da Walt Disney, como de fato aconteceu. Entretanto, a Disney resolveu a questão internamente e escolheu seu próprio presidente e chefe de operações, Robert Iger, para suceder Michael Eisner como CEO, em março de 2005.

Com o cargo na Disney fora de questão, fica mais difícil imaginar para onde Chernin poderia ir se deixasse a News Corp. Sumner Redstone não tem dado sinal algum de que pretende substituir Leslie Moonves ou Philippe Dauman na CBS e na Viacom, respectivamente. A Time Warner teve uma transição tranquila, em que seu presidente e chefe de operações há muitos anos, Jeffrey Bewkes, sucedeu Richard Parsons como CEO em 2008. E até mesmo a NBC Universal, a difícil unidade de mídia da General Electric, parece ter alguma estabilidade nos quadros de sua diretoria. Jeff

Zucker, executivo veterano da NBC Universal, foi nomeado novo presidente e CEO da empresa em fevereiro de 2007, substituindo Bob Wright, que se aposentou.

Além disso, Murdoch parece tão determinado a manter Chernin, que se dispõe a lhe dar um pacote anual de remunerações mais alto do que o que ele próprio recebe. De acordo com o relatório aos acionistas do ano fiscal de 2007, tanto Murdoch quanto Chernin receberam um salário anual de US$ 8,1 milhões. Mas, incluindo prêmios de ações, bônus e outras remunerações, o pacote anual de remunerações de Chernin para o ano fiscal que terminou em junho de 2007 foi de quase US$ 34 milhões, superior ao de Murdoch, de US$ 32,1 milhões.

E mais: o total de remunerações de Chernin faz parecer pequenas as remunerações de outros antigos funcionários da News Corp. — não que o chefe das finanças, David DeVoe, que recebeu US$ 11,7 milhões, ou Ailes, que ganhou US$ 10,9 milhões, tenham algum motivo para reclamar.

Mas o fato de Chernin ser o executivo mais bem remunerado na News Corp. deixa claro aos seguidores de Murdoch que ele não é apenas um recurso e um assessor de valor inestimável, mas provavelmente o assessor em quem Rupert mais confia. Enquanto Murdoch é considerado mais cabeça quente, Chernin tem fama de ser um negociador calmo.

Nesse sentido, Chernin tem frequentemente lidado com difíceis questões enfrentadas por empresas de mídia, demonstrando considerável desenvoltura. Em 2002, por exemplo, ele implorou à comunidade de tecnologia para ajudar a impedir o download de conteúdos protegidos por direitos autorais. Durante um pronunciamento na feira de tecnologia Comdex, em Las Vegas, em novembro daquele ano, ele declarou que era hora de os conglomerados de mídia e empresas de tecnologia trabalharem juntos, e que isso poderia beneficiar as duas indústrias.

"O mais poderoso catalisador para o crescimento não é a pirataria, mas a parceria", disse Chernin. Em seu pronunciamento, ele indicou como a indústria de tecnologia poderia ajudar a mídia a se adaptar e adotar mudanças, citando como exemplos a indústria de TV a cabo/por satélite e a indústria de DVD, dois novos avanços anteriormente temidos pelas empresas de mídia. Ele argumentou que a distribuição codificada de entretenimento na internet ajudaria a acelerar a adoção do acesso à banda larga pelos consumidores e que isso teria um grande efeito sobre o setor de tecnologia, levando a uma maior demanda por servidores, roteadores e softwares. "As duas indústrias precisam ser seriamente reenergizadas", disse Chernin, num momento em que um senso de cautela ainda reinava tanto em Hollywood quanto no Vale do Silício em virtude da quebra de empresas da web alguns anos antes.[15]

Mas embora Chernin possa não ser tão rude quanto seu chefe, ele demonstrou, durante seu discurso na Comdex, que também pode ser duro ao se referir constantemente ao download gratuito de músicas e vídeos protegidos por direitos autorais como "saques", "pirataria" e "sequestro digital", e quando, brincando, disse que "se centenas de vestidos fossem roubados na Wal-Mart, a polícia mobilizaria uma força-tarefa que faria Winona Ryder tremer nas bases".[16]

Chernin também demonstrou dedicação ao intervir na greve dos roteiristas de Hollywood no fim de 2007 e início de 2008, conversando com o sindicato que os representa, bem como com executivos de outras empresas de mídia importantes. Chernin e Iger, da Disney, foram amplamente reconhecidos por ajudarem a encontrar uma solução para a greve que prejudicou as indústrias de televisão e cinema com uma paralisação do trabalho por mais de 14 semanas.

Enquanto Murdoch é muitas vezes brusco e indiferente às críticas, Chernin é mais um embaixador da boa vontade. Ao discutir a greve dos roteiristas numa conferência sobre investimentos do Citigroup em janeiro de 2008, um mês antes de o sindicato e as empresas de mídia chegarem a um acordo, Chernin admitiu que ele e outros estúdios não aceitariam todas as exigências dos roteiristas, mas deixou a porta aberta para um diálogo frutífero.

"Eu levo essa greve muito a sério. Ela está tendo um efeito tremendamente negativo sobre as pessoas, não apenas sobre os roteiristas e as pessoas da indústria de entretenimento, mas um impacto significativo e sério sobre a cidade de Los Angeles", disse ele. "Por outro lado, sinto-me responsável não apenas perante os acionistas da News Corp., mas pelo futuro da indústria, por não fazer uma acordo economicamente indefensável. Eu não gostaria de tomar atitudes que prejudicassem a indústria. Mais do que a maioria dos outros canais, acreditamos francamente que podemos suportar uma greve por um tempo razoavelmente longo, mas estamos ansiosos para encontrar uma solução viável para a indústria."[17]

Murdoch, por outro lado, fez uma abordagem mais antagônica em relação aos roteiristas ao discutir a greve em dezembro de 2007, numa entrevista ao Fox News Channel. No programa *Your World with Neil Cavuto*, ele manifestou, de início, esperança de que a greve acabasse logo, mas em seguida atacou a maneira como o sindicato retratava a News Corp. e outras empresas de mídia.

"Agora a retórica é: de um lado, as abastadas; de outro, as grandes empresas, gordas, e nós, pobres roteiristas, como se eles quisessem mudar para algum tipo de sistema socialista e enfraquecer as empresas", disse Murdoch.[18]

Pode-se argumentar que as personalidades opostas de Murdoch e Chernin — que é democrata registrado — dariam um caso clássico sobre como opiniões divergentes numa sala de diretoria melhoram a administração de uma empresa. Se Chernin fosse simplesmente um homem que dissesse sim a Murdoch, será que a News Corp. seria a importante empresa de mídia que é hoje?

É difícil afirmar com certeza, mas vale a pena lembrar que, desde que Chernin se tornou presidente e chefe de operações, Murdoch e a News Corp. têm evitado fazer apostas ousadas que poderiam pôr em risco o futuro de toda a empresa. A News Corp. não mais vendeu ações para investidores que poderiam tentar controlar a empresa mais adiante. A empresa também evitou acumular dívidas para financiar a negociação com a Dow Jones e sua expansão na mídia digital.

Mas será que Rupert concordaria — ainda que por um período limitado (enquanto James Murdoch amadurece para assumir a empresa) — em passar o controle da News Corp. para alguém que não fosse um Murdoch? Dorfman disse que consegue vislumbrar um cenário com Chernin como CEO, mas acrescentou que seria apenas temporário.

"A família é muito importante para Murdoch. Independentemente de quantos acionistas existam, ele vê a News Corp. como uma empresa familiar. Afinal, ele a herdou de seu pai, e acho que tomou a decisão de mantê-la na família", disse Dorfman. "Se Murdoch fosse atropelado por um ônibus, a diretoria promoveria Chernin interinamente enquanto faria uma busca. Mas no fim das contas James sucederia seu pai. Se algum dia Chernin dirigir a empresa como CEO, isso acontecerá simplesmente até James ficar pronto para assumir o controle."[19]

Uma coisa é Murdoch trabalhar intimamente com Chernin. Outra coisa seria passar o legado da família para ele, especialmente porque algumas vezes Chernin dá sinais de que não está preso ao raciocínio de seu chefe.

Isso fica evidente nas respostas de Chernin a perguntas sobre a compra da Dow Jones. Enquanto Murdoch muitas vezes parecia ter ganhado na loteria, ao discutir sua mais nova aquisição, Chernin mostrava-se muito mais cauteloso ao discorrer sobre a Dow Jones e o impacto que essa negociação teria sobre a News Corp.

Diferentemente de Murdoch, Chernin não cresceu em meio a negócios de jornais. E não parece tão apaixonado por isso quanto Murdoch. Na conferência de mídia do Citigroup em janeiro de 2008, Chernin reagiu com irritação às ideias de que a News Corp. teria pago excessivamente pela Dow Jones e o negócio punha em risco o crescimento geral da empresa.

"Vamos colocar o preço da compra em perspectiva. Trata-se de menos de 10% da capitalização de mercado de toda a empresa. Não estamos fazendo pouco caso de US$ 5 bilhões, mas as pessoas não deveriam exagerar o preço relativo para uma empresa do nosso tamanho. É um erro olhar esse acordo como uma aposta em dobro no negócio de jornais. Vemos a Dow Jones como a marca mais valiosa dos serviços de notícias financeiras", disse Chernin.[20]

Mas Chernin também é um firme defensor da decisão da News Corp. de gastar de maneira agressiva para diversificar geograficamente e entrar em novos negócios. Quando lhe perguntaram se a News Corp. — com sete linhas de negócios diferentes especificadas em suas declarações financeiras — era um conglomerado difícil de conduzir, de entendimento complexo demais para os investidores, Chernin rapidamente descartou a pergunta.

"Eu diria que a complexidade é uma de nossas maiores forças. Ela nos permite fazer investimentos para ampliar a empresa e nos torna capazes de ficarmos significativamente mais bem posicionados para suportar mudanças na economia", disse Chernin.[21]

Chernin falou como um verdadeiro Murdoch. Mas será que Rupert conseguirá ignorar o fato de que Chernin não é um Murdoch ao ponto de lhe passar o bastão da liderança da News Corp. — ainda que apenas por um breve período — até que James Murdoch esteja totalmente pronto para assumir o controle da empresa? Isso seria discutível, uma vez que Rupert não dá sinal algum de que pretende diminuir seu ritmo. Se ele decidir continuar como presidente e CEO por mais cinco anos, James poderá ser visto como suficientemente maduro aos olhos de Wall Street, de modo que a transferência de poder não seria considerada prematura.

Entretanto, como o atual contrato de Chernin expira em 2009, Murdoch enfrenta uma difícil decisão: estender novamente o contrato, ou deixá-lo ir embora, considerando que ele presumivelmente ingressaria num concorrente da mídia e ocuparia um cargo de liderança, além de possivelmente causar algum dano à News Corp.? Se Rupert decidir renovar contrato, Wall Street poderá interpretar tal decisão como um sinal de que ele realmente acha que James Murdoch ainda não está pronto para assumir a News Corp. e de que pretende manter Chernin como uma opção segura para comandar a empresa até James adquirir a experiência necessária para receber o cargo mais alto da empresa.

Também é totalmente possível que Chernin não se importe de renovar contrato com a News Corp. — mesmo que fique claro que ele nunca seria o CEO da empresa —, contanto que Rupert ofereça um incentivo financeiro suficiente para sua permanência. Considerando que Chernin foi o funcionário mais bem pago da News Corp. pela maior parte da década passada, Murdoch poderá convencê-lo a ficar mais alguns anos e talvez até a atuar como mentor de James se o incentivo financeiro continuar a compensar. Assim como tem mostrado disposição para oferecer um preço mais alto do que outras empresas por bens que deseja possuir, Murdoch tem mostrado disposição para fazer o mesmo quando se trata de pessoas. É discutível se Chernin, mesmo como CEO, seria capaz de obter um pacote anual de remunerações superior a US$ 30 milhões em outra empresa de mídia.

A título de comparação, Bewkes, da Time Warner, recebeu US$ 19,6 milhões em salários, ações e outras remunerações em 2007. Iger, da Disney, recebeu no mesmo ano um total de US$ 27,7 milhões. O pacote de remunerações de Moonves, da CBS, foi de quase US$ 37 milhões em 2007, mas no mesmo ano ele assinou um novo contrato de quatro anos que condiciona seus bônus ao desempenho da empresa, decisão que poderia reduzir drasticamente seu pacote de remunerações se o crescimento da audiência, da receita e do lucro da CBS diminuir. Dauman, da Viacom, recebeu US$ 20,6 milhões em remunerações em 2006, seu segundo ano como CEO da Viacom.

Portanto, Chernin poderia encontrar dificuldades para ganhar em outros lugares o dinheiro que recebe da News Corp. Mas, se Rupert assinar outro contrato com ele, isso poderá ser visto como um tapa na cara de James. Desse modo, Rupert se arriscaria a afastar seu único filho adulto que ainda trabalha na News Corp. e que poderia ser considerado um provável sucessor a longo prazo. Considerando o gosto de Murdoch por remar contra a maré e não se importar necessariamente em irritar os investidores de sua empresa, ele poderia decidir cortar os laços com Chernin em 2009 e promover James a presidente e chefe de operações. Esse seria o sinal mais evidente de que Rupert considera James preparado para assumir como CEO a qualquer momento, mesmo num futuro próximo. Uma das maiores críticas a James quando ele foi promovido a chefe dos negócios da News Corp. na Europa e na Ásia, em dezembro de 2007, foi o fato de isso ter ocorrido apenas alguns dias antes de seu aniversário de 35 anos. Mas Rupert tinha só 23 anos quando assumiu o comando do *Adelaide News*, em 1954, depois da morte de seu pai, e, aos 35 anos, em 1966, já comprara uma emissora de televisão na Austrália, vários outros jornais, e lançara o *Australian,* um diário nacional.

Rupert não viverá para sempre, por mais que queira. Logo ele precisará tomar uma decisão — talvez a maior de sua carreira — sobre o futuro de sua empresa. Chernin provavelmente é a escolha certa para o cargo de CEO a curto prazo, mas ele não é carne e sangue de Rupert. James está à espera de sua oportunidade. E por temer que James também possa deixar a News Corp. — assim como Lachlan e Elisabeth — para iniciar sua própria empresa caso perceba que está sendo preterido por seu pai, Rupert poderá não ter outra escolha a não ser sugerir com vigor à diretoria da News Corp., em algum momento nos próximos anos, que James Murdoch seja o novo presidente e CEO da empresa. Se James conseguirá realizar um trabalho eficiente no comando da dinastia da News Corp. quando sua hora chegar, já é outra questão.

Epílogo

Os últimos anos têm sido um período tumultuado para Rupert Murdoch. Ele investiu pesado para que a News Corp. deixasse de ser uma empresa com poucas propriedades importantes na mídia on-line e se transformasse em um dos principais nomes do cenário. Mas não se sabe se apostou no cavalo digital certo, uma vez que alguns temem que a popularidade do MySpace já tenha atingido seu auge. Além disso, o relatado interesse de Murdoch em fazer um empreendimento conjunto com a Yahoo! por uma participação minoritária na empresa combinada pode ser um sinal de que ele já se cansou da internet. Parece que sua atenção já não está concentrada na web, embora este tenha sido seu principal foco em 2005 e no início de 2006.

Murdoch encontrou rapidamente uma nova fixação: possuir a Dow Jones e o *Wall Street Journal*. Em janeiro de 2008, Andrew Neil, ex-funcionário da News Corp., disse em testemunho a uma comissão da Câmara dos Lordes que analisava a propriedade de mídia na Grã-Bretanha que Murdoch "encontrou agora, é claro, um novo brinquedo que o deixa totalmente obcecado: o *Wall Street Journal*. E ele não quer falar sobre mais nada".[1]

Mas quanto tempo isso vai durar? Será que Murdoch logo se cansará da Dow Jones e encontrará outra coisa na qual concentrar seus esforços enquanto estiver ativo? Afinal de contas, antes da Dow Jones e da internet, ele estava obcecado em obter presença no mercado americano de televisão por satélite e acabou ficando com uma parte da DirecTV por pouco mais de três anos antes de decidir vendê-la.

No fim de 2007 e início de 2008, a Wall Street estava punindo empresas de mídia por se exporem ao mercado de propaganda num momento em que os Estados Unidos pareciam caminhar para uma recessão e ameaçavam levar a economia global junto com eles. Em retrospecto, pagar um prêmio de 65% pela Dow Jones pode não ter sido uma atitude inteligente, considerando que muitos analistas acreditavam que mesmo os gastos com propaganda on-line não ficariam imunes a uma desaceleração econômica. Além do mais, a decisão de lançar uma rede de notícias financeiras a cabo em meio a uma recessão da economia e do mercado de ações também não foi algo promissor para a News Corp.

Será que Murdoch perdeu seu toque de Midas para a mídia? É hora de ele partir? O fato é que investidores antigos ainda não têm nenhum grande motivo para reclamar de Murdoch. Seu tino para fazer os negócios certos no momento certo — mesmo que envolvam valores exagerados — tem servido muito bem àqueles que o apoiam há bastante tempo.

Desde que começaram a ser negociadas na Bolsa de Valores de Nova York, em 1986, as ações da News Corp. cresceram mais de 1.000%. Superaram o Dow Jones Industrial Average, o S&P 500 e o NASDAQ Composite naquele período, mas ficaram atrás da rival Walt Disney.

E embora no passado Murdoch tenha muitas vezes irritado seus acionistas, cometendo repetidamente erros semelhantes, sobretudo quando antepunha seu ego ao senso comum financeiro, parece que à medida que ele envelheceu, tornou-se realmente mais sábio. Talvez tenha amaciado e esteja menos inclinado a fazer apostas muito altas. Talvez esteja dando mais autoridade a Chernin. Se isso for verdade, é possível que Chernin esteja convencendo Murdoch a ser mais conservador com o dinheiro da News Corp. Qualquer que seja o motivo, Murdoch não parece estar "apostando tudo", ou seja, tomando atitudes como as que muitas vezes puseram a News Corp. em perigo no passado.

Murdoch nunca teve medo de fazer a News Corp. crescer por meio de aquisições. Mas nos últimos anos a empresa se retraiu em alguns negócios, ainda que tenha feito grandes aquisições em outras áreas. Em junho de 2007, anunciou que estava à procura de "opções estratégicas" — eufemismo de Wall Street para pôr alguma coisa à venda — para o News Outdoor Group, subsidiária que possui e opera *outdoors* em mercados emergentes, como a Rússia e outros países do Leste Europeu, além de Turquia, Israel, Índia e países do sudeste da Ásia. No início de 2008, não havia nenhuma novidade sobre a venda do grupo.

Mas em junho de 2007 a News Corp. também pôs à venda várias de suas pequenas emissoras locais de televisão e encontrou um comprador no fim do ano. Além disso, a empresa anunciou a venda de oito emissoras afiliadas da Fox — em mercados que incluíam Cleveland, Denver e St. Louis — para a Oak Hill Capital Partners, empresa de private equity, por US$ 1,1 bilhão, em dinheiro. O negócio foi concluído no terceiro trimestre de 2008.

Portanto, mesmo que a News Corp. se volte para outro grande negócio, há uma crescente sensação de que agora a empresa tem flexibilidade de balanço financeiro para ser mais aquisitiva. Na verdade, alguns analistas especulam que a empresa poderia ter feito uma oferta pelo Weather Channel, rede de TV a cabo cuja venda foi anunciada pela Landmark Communications, de capital privado, em janeiro de 2008. A NBC Universal, da General Electric, e duas empresas de investimentos em private equity chegaram a um acordo em julho de 2008 para comprar o Weather Channel por US$ 3,5 bilhões. Assim, a compra teria custado à News Corp. vários bilhões de dólares, mas analistas não se preocuparam com o fato de que a News Corp. precisaria contrair uma dívida significativa para financiar o negócio. Isso é muito diferente do que acontecia no fim dos anos 1980 e início dos anos 1990, quando Murdoch gastava pesado e, para evitar a falência, acabou forçado a vender muitos dos bens que comprara.

Mas Murdoch é sempre um comprador. Enquanto houver empresas à venda, parece provável que ele queira dar uma olhada em seus registros contábeis. Crescer por meio de aquisições é simplesmente um velho hábito que, para ele, é difícil abandonar, se não impossível.

"Não temos nenhuma grande dívida a pagar. Estamos muito seguros onde estamos, embora não tenhamos muito dinheiro, agora que pagamos US$ 5 bilhões pela Dow Jones", disse Murdoch em março de 2008.

"Não estamos à caça de coisas grandes de muitos bilhões de dólares, mas achamos que tudo vai ficar mais barato. Portanto talvez sejamos tentados a fazer algumas coisinhas."[2]

Dave Novosel, analista da Gimme Credit, empresa de pesquisas independente em Nova York que analisa dívidas corporativas, no entanto, escreveu num relatório em janeiro de 2008 que a News Corp. provavelmente teria sido capaz de oferecer US$ 5 bilhões pelo Weather Channel sem ter que aumentar significativamente sua carga de dívidas.

Novosel destacou que a News Corp. tem trabalhado melhor identificando e se desfazendo de negócios que já não fazem parte da força central da empresa. Ele citou especificamente as oito emissoras de TV vendidas para a Oak Mill como prova de que Murdoch já não é apenas um comprador em série.

"A News Corp. não quer apenas acrescentar bens, mas subtrair as propriedades que têm menos potencial. Por exemplo, as emissoras de TV que foram vendidas estavam em mercados onde as oportunidades de expandir a lucratividade eram reduzidas", escreveu Novosel. Ele chegou a sugerir que a News Corp. poderia pensar em vender a HarperCollins, uma vez que a unidade de publicações responde por apenas 5% do total da receita e tem tido um crescimento lento. Novosel estimou um valor de US$ 1,2 bilhão a US$ 1,4 bilhão caso a HarperCollins fosse vendida.

Por motivos sentimentais, livrar-se da HarperCollins pode não ser algo que atraia Murdoch, dono da editora de livros desde que comprou a Harper & Row, em 1987. Mas, como sugeriu Novosel, a HarperCollins não tem sido exatamente uma estrela da News Corp. No ano fiscal de 2007, sua receita aumentou apenas 3%, e o lucro operacional caiu 5%. A situação não melhorou nos três primeiros trimestres do ano fiscal de 2008, quando a receita da HarperCollins caiu mais 1%, e o lucro operacional diminuiu 4% em relação ao mesmo período no ano anterior. E Jane Friedman, CEO da HarperCollins durante muito tempo, renunciou ao cargo repentinamente em junho de 2008.

Além do mais, nos últimos anos a HarperCollins tem sido um pesadelo para Murdoch na área de relações públicas. A lembrança do fiasco do cancelamento da biografia de Chris Patten sobre a China em 1998 — a HarperCollins cancelou um livro do ex-governador de Hong Kong que criticava o regime comunista de Pequim — ainda está fresca na memória de muita gente da indústria editorial. Mas isso é pouco se comparado à confusão de quando se soube que Judith Regan — conhecida editora dona de seu próprio selo na HarperCollins — planejava publicar um livro de O. J. Simpson, ex-astro da Liga Nacional de Futebol Americano, sobre o assassinato de sua ex-mulher Nicole Brown-Simpson e seu amigo Ron Goldman.

Simpson foi acusado dos assassinatos de 1994, mas foi absolvido após um julgamento sensacionalista, em 1995. Mais tarde, num julgamento civil em 1997, foi considerado responsável pelas mortes de Nicole e Goldman e, desde então, tem sido objeto de curiosidade pública. Em 2006, a HarperCollins concordou em publicar *If I Did It*, um relato ficcional de Simpson sobre como ele teria cometido os assassinatos. A Fox também preparou um especial para TV promovendo o livro, intensificando os protestos públicos contra a News Corp.

Em 20 de novembro de 2006, a News Corp. cancelou tanto o livro quanto o especial. Constrangido, Murdoch declarou que ele e outros membros da diretoria da News Corp. "concordavam com o público americano que este foi um projeto mal considerado. Lamentamos qualquer dor que isso tenha causado às famílias de Ron Goldman e Nicole Brown-Simpson".[3]

A HarperCollins, porém, ficou ainda mais em evidência depois de outro livro editado por Regan causar uma reação negativa. Em dezembro de 2006, foi divulgado que ela planejava publicar uma "biografia ficcional" de Mickey Mantle, adorada lenda do time de beisebol New York Yankees. Entre outras coisas, o livro alegava que ele mantinha um romance com Marilyn Monroe na época em que a estrela namorava aquele que viria a ser seu marido, Joe DiMaggio, companheiro de equipe de Mantle.

Regan foi demitida pela HarperCollins em dezembro de 2006, por fazer observações antissemitas numa conversa ao telefone com um advogado da editora. Mais tarde, em novembro de 2007, ela alegou, numa ação contra a News Corp. por difamação, que o verdadeiro motivo de sua demissão havia sido o fato de que seu romance com Bernard Kerik — comissário da polícia de Nova York da administração do prefeito Rudolph Giuliani na época dos ataques de 11 de setembro de 2001 — poderia prejudicar a ambição de Giuliani de concorrer à presidência. Regan alegou que a News Corp. estava preocupada com as informações que ela poderia ter sobre Kerik, indiciado por corrupção em novembro de 2007. Ela acusou a News Corp. de criar uma "campanha suja" para destruir sua reputação.

"Foi necessária uma campanha suja para a News Corp. avançar em sua agenda política, que há muito tempo está centrada na proteção das ambições presidenciais de Rudy Giuliani", disse Regan em sua queixa.[4]

Em janeiro de 2008, a News Corp. e Regan anunciaram que haviam chegado a um acordo judicial confidencial em que nenhuma das duas partes admitia qualquer responsabilidade legal. Em declaração, a News Corp. afirmou: "Depois de considerar a questão cuidadosamente, aceitamos a posição da senhora Regan de que ela não disse nada de natureza antissemita e acreditamos que a senhora Regan não é antissemita." E acrescentou: "A senhora Regan é uma editora de talento que criou muitos livros premiados e best-sellers durante seus 12 anos e meio na empresa. A News Corp. agradece à senhora Regan por sua excelente contribuição e lhe deseja um sucesso contínuo."[5]

Ao falar sobre Regan na conferência de mídia da McGraw-Hill em fevereiro de 2007, Murdoch disse que lamentava ter perdido o contato com ela na época das decisões da editora sobre o livro de Simpson. Mas acrescentou que "ela não era uma jogadora do time. Isso para dizer de maneira suave".[6]

Isso certamente soa como se Murdoch não estivesse mais tão apaixonado pela edição de livros como um dia havia sido. Portanto, tendo isso em mente, não seria um grande choque que a HarperCollins tivesse o mesmo destino da DirecTV, da *TV Guide* e do Los Angeles Dodgers, com a percepção de Murdoch, ou de seu sucessor, de que a divisão já não combina com outros bens de crescimento mais rápido.

"Se você olhar as grandes empresas de mídia, todas elas estão passando por uma reavaliação do modelo de conglomerado. Pode ser que já não faça tanto sentido ser o dono de tudo", disse Glover Lawrence, co-fundador do McNamee Lawrence & Company, um banco de investimentos com sede em Washington, referindo-se à possibilidade de venda da HarperCollins logo depois da demissão de Regan. "As editoras de livros geralmente têm um fluxo de dinheiro bastante previsível, de modo que se tornam alvos ideais para compradores de participações privadas."[7]

Por outro lado, já se falava que a News Corp. poderia vender a HarperCollins antes do fiasco Regan/Simpson. Em 2006, a Time Warner vendeu sua unidade de livros à empresa de mídia francesa Lagardère, provocando especulações de que a News Corp. poderia seguir o exemplo e sair do negócio de livros.

"Muitas vezes, quando uma empresa de mídia toma a iniciativa, como aconteceu, outras chegam a conclusões semelhantes", disse o banqueiro de investimentos em mídia Reed Phillips em dezembro de 2006. Mas ele acrescentou não estar certo de que Murdoch queria necessariamente se livrar da HarperCollins, uma vez que "agora que demitiram Regan, a visão deles provavelmente seria de que o problema foi resolvido. Não acho que eles acreditam necessariamente que este seria o momento de vender a HarperCollins", disse ele.[8]

Além do mais, a deterioração dos mercados de crédito em 2007 e 2008 tornou muito menos provável o interesse de uma empresa de participação privada em fazer (ou ser capaz de fazer) um negócio com a HarperCollins.

Independentemente de Murdoch vender mais bens ou não, está claro que ele não ficará sentado passivamente diante das mudanças no cenário da mídia. Especialistas em mídia preveem que a News Corp. fará mais negócios, ainda que não saibam exatamente qual será o próximo alvo de Murdoch.

"Esta é uma potente combinação de bens reunidos por Murdoch. Há atacantes e defensores. Murdoch é um atacante", disse em outubro de 2007 John Suhler, sócio fundador e presidente da Veronis Suhler Stevenson, empresa de private equity com sede em Nova York e que lida especialmente com negócios de mídia.[9]

O próprio Murdoch sugeriu que está sempre à procura de outros alvos para incorporar. Durante a teleconferência sobre ganhos da News Corp. em agosto de 2006, ele afirmou: "Compramos qualquer coisa se o preço for bom."[10] E durante a conferência de mídia do Goldman Sachs em setembro de 2007, ele disse evasivamente: "Temos concorrentes com bens desejáveis, mas até onde eu sei, eles não estão à venda."[11]

Mas uma coisa parece certa: mesmo que Murdoch não queira fazer novos negócios, ele parece ter aprendido, ainda que com dificuldade, a nunca deixar que outro investidor adquira uma fatia muito grande da News Corp. Murdoch sempre se mostrou um tanto relutante em usar as ações da News Corp. como moeda de compra, mas ficou ainda mais cauteloso depois do confronto com Malone.

Agora que a Liberty Media, de Malone, trocou sua participação na News Corp. por investimentos da DirecTV, o segundo maior acionista da News Corp. — depois da família Murdoch — é a empresa de investimentos Dodge & Cox, que possui especialmente ações Classe A com poder de voto limitado. O segundo maior acionista com poder de voto é o príncipe saudita Al-Waleed bin Talal, bilionário famoso por, nos anos 1990, ajudar a salvar o gigantesco banco Citicorp, injetando-lhe investimentos. Hoje, o banco é conhecido como Citigroup, e o príncipe Al-Waleed é seu maior investidor.

Portanto, Murdoch poderá continuar a comprar e vender bens, entretanto é provável que nunca mais cometa o erro de entregar a alguém de fora o controle de grande parte das ações de sua empresa. "Ele quer fazer negócios, mas não quer usar as ações tanto assim", disse Dorfman.[12]

Dorfman acredita que Murdoch nunca vai parar de procurar mais coisas para comprar. Mas poderá ser difícil para Rupert fazer novas aquisições até que o mercado de crédito melhore, se ele quiser usar dinheiro e dívidas, e não ações da News Corp. Isso poderá ser bom para os acionistas da News Corp. por forçar Murdoch a recuperar o fôlego depois do negócio com a Dow Jones.

"Será difícil saciar sua sede de aquisições considerando os atuais mercados de crédito", disse Dorfman. "Mas agora a empresa está financeiramente sadia. Não acredito que ele tenha o mesmo problema dos anos 1980, de o balanço financeiro ser um castelo de cartas desmoronando. Por enquanto, isso pode ser sorte. Sorte que poderá dar a Murdoch a oportunidade de consolidar e integrar a Dow Jones."[13]

Outra boa notícia em potencial para os acionistas é o fato de, aparentemente, Murdoch ter levado algumas críticas a sério. Não se sabe se é o temor de que as contínuas reações adversas prejudiquem a posição financeira de sua empresa no mundo ou se ele realmente se acalmou nos últimos anos. Mas não há dúvida de que a News Corp. tem tomado medidas para parecer um pouco mais "justa e equilibrada".

Em abril de 2007, por exemplo, a HarperCollins publicou *At the Center of the Storm*, uma autobiografia best-seller do ex-diretor da CIA George Tenet, altamente crítica à guerra no Iraque e ao vice-presidente Dick Cheney. E em 2006, William Morrow, editor da HarperCollins, publicou um livro de Joe Maguire intitulado *Brainless: The Lies and Lunacy of Ann Coulter*.

Nos últimos anos, Murdoch também tem dado demonstrações, ainda que breves, de que não está se levando tão a sério — ou pelo menos de que está conseguindo tolerar a percepção de que ele é um intrometido magnata da mídia. *Os Simpsons*, desenho animado de prolongado sucesso, tem feito gozações frequentes a Murdoch em sua exibição na Fox, além de ter intensificado as críticas a ele e à News Corp. nos últimos anos. Na mais recente, o personagem excessivamente religioso Ned Flanders se referiu ao *Wall Street Journal* durante o tradicional especial de Halloween, em novembro de 2007, da seguinte maneira:

"Eu só quero dizer o seguinte àqueles que assistem a este canal: todos vocês vão para o inferno, e isso inclui a FX, a Fox Sports e nosso mais novo portal do demônio, o *Wall Street Journal*. Bem-vindo ao clube!"

Ainda não está claro se Murdoch decidirá que é hora de parar de trabalhar e saborear os frutos do império de mídia que construiu. Mas aqueles que o acompanham de perto duvidam que ele abdique do desejo de terminar à frente dos concorrentes. Murdoch pode ter amaciado, mas é improvável que mude completamente.

"Eu nunca subestimaria a vontade de vencer de Rupert Murdoch. Ele fará o que for preciso para ganhar", disse em 2006 Bill Carroll, vice-presidente e diretor de programação do Katz Television Group, uma empresa de compra e consultoria de mídia com sede em Nova York.[14]

Mas o que resume tudo, o que parece motivar quase todas as decisões de Murdoch nos negócios — da mais mundana à mais ousada e controversa —, é seu desejo insaciável de demonstrar que aqueles que dele duvidam estão errados, e desafiar a sabedoria convencional. E qual desafio seria maior do que lutar contra as noções de tempo e idade? A essa altura de sua carreira, a única coisa que talvez lhe falte provar é que ainda pode funcionar com competência como presidente e CEO por muito mais tempo do que qualquer pessoa possa imaginar. Portanto, não se surpreenda se vir Murdoch aos oitenta ou mesmo noventa anos ainda a espreitar os escritórios da News Corp. Provavelmente não haveria prazer maior para ele do que permanecer em atividade por tempo suficiente para dar a Chloe e Grace seus primeiros empregos na News Corp.

Agradecimentos

Há muitas pessoas às quais agradeço por me ajudarem a sobreviver a esse processo com minha sanidade (em grande parte) intacta. Primeiramente, Jeffrey Krames, da Portfolio, merece uma tonelada de louvores por me apresentar a ideia de escrever este livro. Agradeço-lhe imensamente pela confiança em mim, particularmente porque este é meu primeiro livro. Sua orientação e cuidado com a edição do do meu original foram indispensáveis. Também gostaria de agradecer a Jillian Gray, da Portfolio, pelas maravilhosas sugestões e por ajudar a me orientar ao longo do processo geral de escrever e publicar um livro.

No CNNMoney.com, a paciência e o apoio de vários de meus editores — especialmente Chris Peacock, Lex Haris, Rich Barbieri e Mark Meinero — foram cruciais. Obrigado por suportarem meu estresse crescente enquanto eu lutava para conciliar a preparação deste livro com minhas responsabilidades no trabalho. Jim Ledbetter, ex-colega no CNNMoney.com, também contribuiu para o sucesso deste livro, já que editou grande parte de minha cobertura tanto da News Corp. como de Murdoch ao longo dos últimos anos. Obrigado, Jim, por sempre me mostrar o caminho certo.

Muitas das fontes deste livro provaram ser inestimáveis. Obrigado particularmente a Richard Dorfman, Larry Haverty, Alan Gould, Laura Martin e David Joyce por suas opiniões especializadas sobre Murdoch e a indústria de mídia, bem como por sua disposição para compartilhá-las comigo ao longo dos últimos anos.

Minha família, particularmente meu irmão Steve e meu pai, Dick, sempre me apoiaram, e sou-lhes grato por isso. Gostaria de agradecer sobretudo à minha esposa, Beth, por ser constantemente minha incentivadora, confidente e a fonte de motivação e perspectiva durante os momentos em que duvidei de mim mesmo. Obrigado também por agir como minha "agente". Beth, eu te amo muito, e este livro não teria sido possível sem você.

Notas

Introdução

1. McGraw-Hill Media Summit, Nova York, 8 de fevereiro de 2007.
2. Paul R. La Monica, "Don't Believe the MySpace Hype", CNNMoney.com, 7 de junho de 2006, http://money.cnn.com/2006/06/07/commentary/mediabiz/index.htm.
3. Communacopia XVI Conference, Goldman Sachs, Nova York, 18 de setembro de 2007.
4. The Future of Business Media Conference, Nova York, 30 de outubro de 2007.
5. Ibid.
6. Jacques Steinberg e Brian Stelter, "Few Viewers for Infancy of Fox Business", *The New York Times*, 4 de janeiro de 2008.
7. Tim Arango, "Inside Fox Business News", *Fortune*, 15 de outubro de 2007.
8. Paul R. La Monica, "Don't Bet on a 'Paper' Chase", CNNMoney.com, 2 de agosto de 2007, http://money.cnn.com/2007/08/02/news/companies/newspaper_mergers/index.htm.
9. Conversa com o autor, 7 de junho de 2007.

Capítulo 1. Comece a espalhar a notícia

1. Conversa com o autor, 6 de março de 2008.
2. Testemunho à Comissão de Comunicação da Câmara dos Lordes, 16 de janeiro de 2008, http://www.publications.parliament.uk/pa/ld/lduncorr/comms160108ev8.pdf.
3. Ibid.
4. Conversa com o autor, 6 de março de 2008.
5. Testemunho à Comissão de Comunicação da Câmara dos Lordes, 17 de setembro de 2007, http://www.parliament.uk/parliamentary_committees/communications.cfm.
6. Ibid.
7. Ibid.
8. Testemunho à Comissão de Comunicação da Câmara dos Lordes, 16 de janeiro de 2008, http://www.publications.parliament.uk/pa/ld/lduncorr/comms160108ev8.pdf.
9. Ibid.
10. Ibid.
11. Ibid.
12. Testemunho à Comissão de Comunicação da Câmara dos Lordes, 23 de janeiro de 2008, http://www.publications.parliament.uk/pa/ld/lduncorr/comms230108ev15.pdf.
13. Ibid.
14. Ibid.
15. Ibid.
16. Testemunho à Comissão de Comunicação da Câmara dos Lordes, 16 de janeiro de 2008, http://www.publications.parliament.uk/pa/ld/lduncorr/comms160108ev8.pdf.

17. Testemunho à Comissão de Comunicação da Câmara dos Lordes, 23 de janeiro de 2008, http://www.publications.parliament.uk/pa/ld/lduncorr/comms230108ev15.pdf.

18. Ibid.

19. Ibid.

20. Testemunho à Comissão de Comunicação da Câmara dos Lordes, 17 de setembro de 2007, http://www.parliament.uk/parliamentary_committees/communications.cfm.

21. Paul R. La Monica, "Don't Bet on a 'Paper' Chase", CNNMoney.com, 2 de agosto de 2007, http://money.cnn.com/2007/08/02/news/companies/newspaper_mergers/index.htm.

22. The Future of Business Media Conference, Nova York, 30 de outubro de 2007.

23. http://www.newscorp.com/news/news_285.html.

24. Ibid.

25. Paul R. La Monica, "Don't Bet on a 'Paper' Chase", CNNMoney.com, 2 de agosto de 2007, http://money.cnn.com/2007/08/02/news/companies/newspaper_mergers/index.htm.

26. http://www.newscorp.com/news/news_222.html.

27. Paul R. La Monica, "Good News for Newspaper Stocks?", CNNMoney.com, 26 de setembro de 2007, http://mediabiz.blogs.cnnmoney.cnn.com/2007/09/26/good-news-for-newspaper--stocks/.

28. http://www.newscorp.com/news/news_316.html.

29. Paul R. La Monica, "Good News for Newspaper Stocks?", CNNMoney.com, 26 de setembro de 2007, http://mediabiz.blogs.cnnmoney.cnn.com/2007/09/26/good-news-for-newspaper--stocks/.

Capítulo 2. Louco pela Fox

1. Richard W. Stevenson, "Murdoch Is Buying 50% of Fox", *The New York Times*, 21 de março de 1985.

2. Michael Schrage, "TV Stations Pose Risk for Murdoch", *The Washington Post*, 19 de maio de 1985.

3. Ibid.

4. Ibid.

5. " 'What's Next?' – Rupert Murdoch Acquires Ziff-Davis' Business Magazines", *Folio: The Magazine for Magazine Management*, maio de 1985.

6. P. J. Bednarski, "Murdoch Plans Fourth Network", *Chicago Sun-Times*, 10 de outubro de 1985.

7. "Murdoch Lays Plan for 4th TV Network", *Los Angeles Times*, 10 de outubro de 1985.

8. Roger Gillott, "Fox TV Network Could Take Decades to Build, Analysts Say", Associated Press, 10 de outubro de 1985.

9. Ibid.

10. Michael Collins, "Murdoch Outlines Plans for 4th Network", United Press International, 5 de janeiro de 1986.

11. Paul R. La Monica, "MyNetworkTV: Crazy Like a…", CNNMoney.com, 23 de fevereiro de 2006, http://money.cnn.com/2006/02/23/news/companies/mynetworktv/index.htm.

12. http://www.newscorp.com/news/news_267.html.

13. Paul R. La Monica, "Murdoch Unveils MySpace Ambitions", CNNMoney.com, 19 de setembro de 2006, http://money.cnn.com/2006/09/19/technology/myspace/index.htm.

14. http://www.newscorp.com/news/Murdoch_testimony_5_8_03.pdf.

15. http://www.newscorp.com/news/news_247.html.

16. Conversa com o autor, 6 de março de 2008.

17. Jane Martinson, "Billionaire Dropout Still Creates by the Seat of His Pants", *The Guardian*, 27 de outubro de 2006.

Capítulo 3. Fisgado pela TV a cabo

1. http://www.newscorp.com/news/news_247.html.

2. Steve McClellan, "Ailes Heads Fox Cable News Channel", *Broadcasting and Cable*, 5 de fevereiro de 1996.

3. Ibid.

4. Bill Carter, "Murdoch Joins a Cable-TV Rush into the Crowded All-News Field", *The New York Times*, 31 de janeiro de 1996.

5. Ibid.

6. Charles Haddad, "Observers Question Murdoch's 24-Hour News Plan", *The Atlanta-Journal Constitution*, 31 de janeiro de 1996.

7. Wayne Walley, "Fox Takes 24-Hour Cable News Plunge", *Electronic Media*, 5 de fevereiro de 1996.

8. Ibid.

9. Howard Rosenberg, "Cutting Across the Bias of the Fox News Channel", *Los Angeles Times*, 11 de outubro de 1996.

10. Ibid.

11. Ibid.

12. Howard Kurtz, "Is Fox's News Channel Cable-Ready?", *The Washington Post*, 14 de outubro de 1996.

13. Manuel Mendoza, "Don't Worry Yet, CNN", *The Dallas Morning News*, 8 de outubro de 1996.

14. Pete Schulberg, "Fox News Channel Off to Quick, Edgy Start", *The Oregonian*, 9 de outubro de 1996.

15. Howard Kurtz, "Is Fox's News Channel Cable-Ready?", *The Washington Post*, 14 de outubro de 1996.

16. Ibid.

17. David Usborne, "Murdoch Meets His Match", *The Independent*, 24 de novembro de 1996.

18. Ibid.

19. Nancy Dunne, "Murdoch Lashes Media Rival", *Financial Times*, 27 de fevereiro de 1996.

20. David Usborne, "Murdoch Meets His Match", *The Independent*, 24 de novembro de 1996.

224 A cabeça de Rupert Murdoch

21. Ibid.
22. Ibid.
23. http://www.adl.org/PresRele/HolNa_52/2828_52.asp.
24. David Usborne, "Murdoch Meets His Match", *The Independent*, 24 de novembro de 1996.
25. "The Most Anticipated Bout of 1997: Murdoch vs. Turner", *Daily News* (Los Angeles), 22 de junho de 1997.
26. Ibid.
27. Jill Goldsmith, "Rupe's Remarks Irk Peacock, Time Warner", *Variety*, novembro de 1999.
28. http://www.newscorp.com/news/news_350.html.
29. http://www.newscorp.com/news/news_226.html.
30. Marvin Kitman, "Murdoch May Finally Get His News", *Newsday*, 5 de fevereiro de 1996.
31. Testemunho à Comissão de Comunicação da Câmara dos Lordes, 17 de setembro de 2007, http://www.parliament.uk/parliamentary_committees/communications.cfm.
32. Ibid.
33. Ibid.
34. http://www.newscorp.com/news/news_350.html.
35. Ibid.
36. Paul R. La Monica, "Getting Down to (Fox) Business", CNNMoney.com, 15 de outubro de 2007, http://mediabiz.blogs.cnnmoney.cnn.com/2007/10/15/getting-down-to-fox-business/.
37. Ibid.
38. Bear Stearns Media Conference, Palm Beach, Flórida, 10 de março de 2008.
39. Ibid.
40. http://www.newscorp.com/news/news_350.html.

Capítulo 4. O céu é o limite

1. Conversa com o autor, 1º de outubro de 2007.
2. Raymond Snoddy, "Call Halted Murdoch Deal", *The Times* (Londres), 27 de março de 1998.
3. http://phx.corporate-ir.net/phoenix.zhtml?c=104016&p=irol-newsArticle_Print&ID=144647&highlight=manchester.
4. http://www.newscorp.com/news/news_175.html.
5. http://www.newscorp.com/news/news_197.html.
6. Ibid.
7. http://www.newscorp.com/news/news_361.html.
8. Rupert Murdoch, "The New Freedom", *Herald Sun*, 3 de setembro de 1993.
9. Eric Alterman, "Think Again. The Complicated Corruptions of Rupert Murdoch and the Wall Street Journal", 24 de maio de 2007, http://www.americanprogress.org/issues/2007/05/complicated_corruptions.html.
10. Eric Pooley, "Rupert Murdoch Speaks", *Time*, 28 de junho de 2007, http://www.time.com/time/business/article/0,8599,1638182,00.html.

11. Mark Riley, "What Culture? Murdoch Deems Tibet Is Better Off Under China", *The Sydney Morning Herald*, 8 de setembro de 1999.

12. Ibid.

13. http://www.newscorp.com/news/news_321.html.

14. Eric Boehlert, "Pimping for the People's Republic", Salon.com, 30 de março de 2001, http://archive.salon.com/news/feature/2001/03/30/china/print.html.

15. http://www.newscorp.com/news/news_355.html.

16. Donald Greenlees, "Dow Jones Editor Gets 'Cold Feet' on a Critique of Murdoch", *International Herald Tribune*, 28 de fevereiro de 2008.

17. Ibid.

18. Conversa com o autor, 6 de março de 2008.

19. http://www.newscorp.com/news/news_321.html.

20. Ibid.

21. Ibid.

22. Ibid.

23. Ibid.

Capítulo 5. Negociando

1. Paul R. La Monica. "Murdoch Still Hearts Newspapers", CNNMoney.com., 18 de setembro de 2007, http://mediabiz.blogs.cnnmoney.cnn.com/2007/09/18/murdoch-still-hearts-newspapers/.

2. Paul R. La Monica, "Start Spreading the News (Corp.)," CNNMoney.com, 2 de abril de 2007, http://money.cnn.com/2007/04/02/news/companies/newscorp/index.htm.

3. Paul R. La Monica, "Icahn Calls for Time Warner Breakup, Buyback", CNNMoney.com, 7 de fevereiro de 2006, http://money.cnn.com/2006/02/07/news/companies/timewarner_icahn/index.htm.

4. Conversa com o autor, 20 de julho de 2006.

5. Ibid.

6. Paul R. La Monica, "Rupert Murdoch's Secret TiVo", CNNMoney.com, 2 de fevereiro de 2007, http://money.cnn.com/2007/02/02/news/companies/nds/index.htm.

7. Conversa com o autor, 6 de março de 2008.

8. Citigroup Eighteenth Annual Entertainment, Media and Telecommunications Conference, Phoenix, Arizona, 9 de janeiro de 2008.

9. "Murdoch, Malone to Swap", CNNMoney.com, 27 de setembro de 2000, http://money.cnn.com/2000/09/27/deals/murdoch_malone/index.htm.

10. Ronald Grover, Tom Lowry e Larry Armstrong, "Henry Yuen: TV Guy", *BusinessWeek*, 12 de março de 2001.

11. Conversa com o autor, 10 de julho de 2007.

12. Bryan Firth, "King of Cable's Purchase Endorses News", *The Australian*, 7 de abril de 1999.

13. http://www.newscorp.com/news/news_188.html.

226 A cabeça de Rupert Murdoch

14. Ibid.

15. Ibid.

16. http://www.newscorp.com/news/news_197.html.

17. http://www.newscorp.com/news/Murdoch_testimony_5_8_03.pdf.

18. Conversa com o autor, 15 de março de 2006.

19. http://phx.corporate-ir.net/phoenix.zhtml?c=61138&p=irol-newsArticle&ID=706832&highlight=.

20. Tim Burt, "Liberty's Malone in News Corp. Talks", *Financial Times*, 19 de abril de 2004.

21. http://www.newscorp.com/news/news_230.html.

22. http://www.newscorp.com/news/news_322.html.

23. http://phx.corporate-ir.net/phoenix.zhtml?c=61138&p=irol-newsArticle&ID=944564&highlight.

24. McGraw-Hill Media Summit, Nova York, 8 de fevereiro de 2007.

25. Ibid.

26. Paul R. La Monica, "News Corp. Is Out-Foxing Its Media Rivals", CNNMoney.com, 2 de abril de 2007, http://money.cnn.com/2007/04/02/news/companies/newscorp/index.htm.

27. Paul R. La Monica, "Rupert Murdoch's Secret TiVo", CNNMoney.com, 2 de fevereiro de 2007.

28. Ibid.

29. Ibid.

Capítulo 6. Rupert 2.0

1. McGraw-Hill Media Summit, Nova York, 8 de fevereiro de 2007.

2. Fortune Brainstorm Conference, Aspen, Colorado, 30 de junho de 2006.

3. Ibid.

4. http://www.newscorp.com/news/news_250.html.

5. http://www.newscorp.com/news/news_251.html.

6. Paul R. La Monica, "21st Century Fox", CNNMoney.com, 22 de agosto de 2005, http://money.cnn.com/2005/08/22/news/fortune500/murdoch/index.htm.

7. http://www.newscorp.com/news/news_259.html.

8. Paul R. La Monica, "Do 'You' Really Matter?", CNNMoney.com, 17 de janeiro de 2007, http://money.cnn.com/2007/01/17/commentary/mediabiz/index.htm.

9. http://www.newscorp.com/news/news_267.html.

10. Paul R. La Monica, "Move Over, MySpace", CNNMoney.com, 19 de março de 2007, http://money.cnn.com/2007/03/19/news/companies/socialnetworks/index.htm.

11. Fortune Brainstorm Conference, Aspen, Colorado, 30 de junho de 2006.

12. Ibid.

13. McGraw-Hill Media Summit, Nova York, 8 de fevereiro de 2007.

Notas **227**

14. Paul R. La Monica, "Murdoch Gives Dow Jones the Page Six Treatment", CNNMoney.com, 8 de agosto de 2007, http://mediabiz.blogs.cnnmoney.cnn.com/2007/08/08/murdoch-gives--dow-jones-the-page-six-treatment/.

15. McGraw-Hill Media Summit, Nova York, 8 de fevereiro de 2007.

16. Conversa com o autor, 3 de novembro de 2006.

17. Peter Kafka, "Google: MySpace Deal Hurting Us", *Silicon Alley Insider*, 1º de fevereiro de 2008, http://www.alleyinsider.com/2008/2/google_myspace_deal_hurting_us_nws.

18. Ibid.

19. Notas pessoais de teleconferência, 4 de fevereiro de 2008.

20. Bear Stearns Media Conference, Palm Beach, Flórida, 10 de março de 2008.

21. McGraw-Hill Media Summit, Nova York, 8 de fevereiro de 2007.

22. Bear Stearns Media Conference, Palm Beach, Flórida, 10 de março de 2008.

23. Paul R. La Monica, "Don't Believe the MySpace Hype", CNNMoney.com, 7 de junho de 2006.

24. McGraw-Hill Media Summit, Nova York, 8 de fevereiro de 2007.

25. Paul R. La Monica, "Murdoch Still Hearts Newspapers", CNNMoney.com, 18 de setembro de 2007.

26. Ibid.

27. Paul R. La Monica, "No Rally for Media Stocks", CNNMoney.com, 1º de outubro de 2007, http://mediabiz.blogs.cnnmoney.cnn.com/2007/10/01/no-rally-for-media-stocks/.

28. Notas pessoais de teleconferência, 8 de agosto de 2006.

29. Notas pessoais de teleconferência, 4 de fevereiro de 2008.

30. Bear Stearns Media Conference, Palm Beach, Flórida, 10 de março de 2008.

31. Ibid.

Capítulo 7. A batalha pela Dow Jones

1. Peter Preston, "Distinguished Newspaper Title for Sale. Do I Hear Any Bids?", *The Observer*, 26 de junho de 2005.

2. McGraw-Hill Media Summit, Nova York, 8 de fevereiro de 2007.

3. David Yelland, "What Would Rupert Give for the FT?", *Evening Standard*, 11 de agosto de 2004.

4. Ibid.

5. Notas de teleconferência da News Corp. 9 de maio de 2007.

6. Ibid.

7. http://www.iape1096.org/news/2007/01_newscorp.php.

8. Paul R. La Monica, "Dow Jones: The Lamest Bidding War Ever", CNNMoney.com, 7 de junho de 2007, http://mediabiz.blogs.cnnmoney.cnn.com/2007/06/07/dow-jones-the-lamest--bidding-war-ever/.

9. Paul R. La Monica, "Murdoch's Bold Bid for the Journal", CNNMoney.com, 1º de maio de 2007, http://money.cnn.com/2007/05/01/news/companies/newspapers/index.htm.

228   A cabeça de Rupert Murdoch

10. Ibid.

11. Paul R. La Monica, "GE Doesn't Need Microsoft to Buy Dow Jones", CNNMoney.com, 11 de junho de 2007, http://mediabiz.blogs.cnnmoney.cnn.com/2007/06/11/ge-doesnt-need-microsoft-to-buy-dow-jones/.

12. Paul R. La Monica, "Dow Jones Deal Dead? Don't Bet on It", CNNMoney.com, 30 de julho de 2007, http://mediabiz.blogs.cnnmoney.cnn.com/2007/07/30/dow-jones-deal-dead-dont-bet-on-it/.

13. Ibid.

14. Paul R. La Monica, "Dow Jones: The Lamest Bidding War Ever", CNNMoney.com, 7 de junho de 2007, http://mediabiz.blogs.cnnmoney.cnn.com/2007/06/07/dow-jones-the-lamest-bidding-war-ever/.

15. Paul R. La Monica, "WSJ Reporters Get a Case of Blue Flu", CNNMoney.com, 28 de junho de 2007, http://mediabiz.blogs.cnnmoney.cnn.com/2007/06/28/wsj-reporters-get-a-case-of-blue-flu/.

16. Ibid.

17. Eric Pooley, "Rupert Murdoch Speaks", *Time*, 28 de junho de 2007.

18. Paul R. La Monica, "Murdoch Gets Closer to Winning Dow Jones", CNNMoney.com, 25 de junho de 2007, http://mediabiz.blogs.cnnmoney.cnn.com/2007/06/25/murdoch-gets-closer-to-winning-dow-jones/.

19. Paul R. La Monica, "Dow Jones Deal Dead? Don't Bet on It", CNNMoney.com, 30 de julho de 2007, http://mediabiz.blogs.cnnmoney.cnn.com/2007/07/30/dow-jones-deal-dead-dont-bet-on-it/.

20. Ibid.

21. http://www.newscorp.com/news/news_347.html.

22. Ibid.

23. Ibid.

24. Communacopia XVI Conference do Goldman Sachs, Nova York, 18 de setembro de 2007.

25. Paul R. La Monica, "Murdoch Gives Dow Jones the Page Six Treatment", CNNMoney.com, 8 de agosto de 2007, http://mediabiz.blogs.cnnmoney.cnn.com/2007/08/08/murdoch-gives-dow-jones-the-page-six-treatment/.

26. Paul R. La Monica, "News Corp. Wins Fight for Dow Jones", CNNMoney.com, 31 de julho de 2007, http://money.cnn.com/2007/07/31/news/companies/dowjones_newscorp/index.htm.

27. Paul R. La Monica, "Rupert Buying Dow Jones Bad for Democracy?", CNNMoney.com, 18 de julho de 2007, http://mediabiz.blogs.cnnmoney.cnn.com/2007/07/18/rupert-buying-dow-jones-bad-for-democracy/.

28. Ibid.

29. Paul R. La Monica, "News Corp. Wins Fight for Dow Jones", CNNMoney.com, 31 de julho de 2007, http://money.cnn.com/2007/07/31/news/companies/dowjones_newscorp/index.htm.

30. Ibid.

31. Paul R. La Monica, "Murdoch Gives Dow Jones the Page Six Treatment", CNNMoney.com, 8 de agosto de 2007, http://mediabiz.blogs.cnnmoney.cnn.com/2007/08/08/murdoch-gives-dow-jones-the-page-six-treatment/.

32. Ibid.

33. Communacopia XVI Conference, Goldman Sachs, Nova York, 18 de setembro de 2007.

34. Notas de teleconferência da News Corp., 4 de fevereiro de 2008.

35. Ibid.

36. Bear Stearns Media Conference, Palm Beach, Flórida, 10 de março de 2008.

37. http://www.newscorp.com/news/news_354.html.

38. http://www.newscorp.com/news/news_356.html.

39. Paul R. La Monica, "Murdoch: 'Crazy Like a Fox' or Just Crazy?", CNNMoney.com, 26 de julho de 2007, http://mediabiz.blogs.cnnmoney.cnn.com/2007/06/26/murdoch-crazy-like-a-fox-or--just-crazy/.

40. Ibid.

41. Ibid.

42. Paul R. La Monica, "The Rupert Discount", CNNMoney.com, 10 de julho de 2007, http://money.cnn.com/2007/07/10/news/companies/newscorp/index.htm.

43. Ibid.

44. Paul R. La Monica, "Don't Bet on a 'Paper' Chase", CNNMoney.com, 2 de agosto de 2007.

45. Paul R. La Monica, "Getting Down to (Fox) Business", CNNMoney.com, 15 de outubro de 2007, http://mediabiz.blogs.cnnmoney.cnn.com/2007/10/15/getting-down-to-fox-business/.

46. Paul R. La Monica, "Now What, Rupert?", CNNMoney.com, 7 de agosto de 2007, http://mediabiz.blogs.cnnmoney.cnn.com/2007/08/07/now-what-rupert/.

Capítulo 8. Tudo em família

1. "Advice from Murdoch's Mom: Stay Busy," Associated Press, 7 de fevereiro de 2008.

2. http://www.newscorp.com/news/news_252.html.

3. Ibid.

4. http://phx.corporate-ir.net/phoenix.zhtml?c=104016&p=irol-newsArticle_Print&ID=143891&highlight=.

5. http://phx.corporate-ir.net/phoenix.zhtml?c=104016&p=irol-newsArticle_Print&ID=465898&highlight=.

6. Ibid.

7. Ibid.

8. McGraw-Hill Media Summit, Nova York, 8 de fevereiro de 2007.

9. http://www.newscorp.com/news/news_362.html.

10. http://www.newscorp.com/news/news_321.html.

11. http://www.newscorp.com/news/news_335.html.

12. Testemunho à Comissão de Comunicação da Câmara dos Lordes, 23 de janeiro de 2008, http://www.publications.parliament.uk/pa/ld/lduncorr/comms230108ev15.pdf.

13. http://www.newscorp.com/news/news_214.html.

14. Ibid.

230 A cabeça de Rupert Murdoch

15. Paul R. La Monica, "Media to Tech: Stop Stealing!", CNNMoney.com, 19 de novembro de 2002, http://money.cnn.com/2002/11/19/technology/comdex_chernin/index.htm.
16. Ibid.
17. Citigroup Eighteenth Annual Entertainment, Media and Telecommunications Conference, Phoenix, Arizona, 9 de janeiro de 2008.
18. Transcrição de *Your World with Neil Cavuto*, Fox News, 13 de dezembro de 2007.
19. Conversa com o autor, 6 de março de 2008.
20. Citigroup Eighteenth Annual Entertainment, Media and Telecommunications Conference, Phoenix, Arizona, 9 de janeiro de 2008.
21. Ibid.

Epílogo

1. Testemunho à Comissão de Comunicação da Câmara dos Lordes, 23 de janeiro de 2008, http://www.publications.parliament.uk/pa/ld/lduncorr/comms230108ev15.pdf.
2. Bear Stearns Media Conference, Palm Beach, Flórida, 10 de março de 2008.
3. http://www.newscorp.com/news/news_320.html.
4. *Judith Regan v. HarperCollins Publishers LLC*, 603758/2007, Suprema Corte do Estado de Nova York (Manhattan).
5. http://www.newscorp.com/news/news_364.html.
6. McGraw-Hill Media Summit, Nova York, 8 de fevereiro de 2007.
7. Paul R. La Monica, "Private Equity May Buy the Book", CNNMoney.com, 18 de dezembro de 2006, http://money.cnn.com/2006/12/18/news/companies/books/index.htm.
8. Ibid.
9. Paul R. La Monica, "Media Mergers: The party Is Over", CNNMoney.com, 30 de outubro de 2007, http://mediabiz.blogs.cnnmoney.cnn.com/2007/10/30/media-mergers-the-party-is-over/.
10. Notas pessoais de teleconferência, 8 de agosto de 2006.
11. Communacopia XVI Conference, do Goldman Sachs, Nova York, 18 de setembro de 2007.
12. Conversa com o autor, 6 de março de 2008.
13. Ibid.
14. Paul R. La Monica, "Sex Doesn't Sell", CNNMoney.com, 20 de setembro de 2006, http://money.cnn.com/2006/09/20/commentary/mediabiz/index.htm.

Outras fontes de pesquisa

Neil Chenoweth. *Virtual Murdoch: Reality Wars on the Information Highway*. Londres: Secker & Warburg, 2001.

Ketupa.net: Fonte da indústria da mídia. http://www.ketupa.net/index.htm.

Bruce Page. *The Murdoch Archipelago*. Nova York: Simon & Schuster, 2003.

Project for Excellence in Journalism: Publisher Murdoch's U.S. Track Record. http://www.journalism.org/node/6757.

Índice

ABC, 13, 46, 48-49, 51-53, 55, 66, 70, 72, 100, 137

Adelaide News, 20, 24, 179, 207

Adelphia, 196

Aiello, Paul, 116

Ailes, Roger, 63, 69, 72-73, 75, 81-84, 86, 184, 201

Alterman, Eric, 99

American Idol, 13, 46, 57, 59

Annenberg, Walter, 114, 119

AOL, 46, 112, 137

Apple, 111

AT&T, 79, 126-128, 132

Atlanta Journal-Constitution, 74

Atorino, Edward, 164

Australian, The, 25, 207

Ball, Tony, 192-193

Bancroft, Christopher, 171

Bancroft, família, 11, 161-164, 167-170, 171-175, 179-180

Bancroft, Natalie, 180

Bank, David, 92, 153

BBC, 83, 98

Belo Corp., 41

Bennett, Robert, 129

Berlusconi, Silvio, 93

Bernanke, Ben, 84

Bertelsmann, 91, 97

Bewkes, Jeffrey, 111-112, 200, 206

Big Ten Network, 71-72

Bilotti, Richard, 182

Black, Scott, 42, 182

Blair, Tony, 32, 93-94

Boehne, Richard, 41

Bonner, Joseph, 133

Booker, Patricia, 191

Boston Herald, 28, 37

Boyar, Mark, 168

Branson, Richard, 193

Breslow, Jordan, 184

Brin, Sergey, 145

Brown, Kevin, 117-118

Brown-Simpson, Nicole, 213

BSkyB, 55, 83, 92-96, 100-101, 113-116, 121-122, 124, 192-194, 197

Burkle, Ron, 11, 164, 171

Bush, George W., 83

BusinessWeek, 181

Cablevision, 126, 160, 196

Campbell, Todd, 86

Capital Cities Communications Inc., 46, 49

Carroll, Bill, 218

CBS, 13, 48, 51-53, 55-56, 58, 66, 72-74, 91, 110, 200, 206

Chachas, John, 181

Chernin, Peter, 19, 60, 63, 112, 116-117, 146, 184, 199-207, 210

Chicago Sun-Times, 28, 37, 51, 112

Chicago Tribune, 159

China, 36, 77, 87, 97-99, 100-105, 143, 175, 198, 213

Chren, Michael, 172

Chris-Craft Industries, 57

Clinton, Bill, 69, 76

CNBC, 17-18, 63, 71, 82, 84-86, 164-165, 167, 181, 184

CNN, 14, 17, 66, 69-70, 72-74, 76-77, 81, 84

Comcast, 79, 126, 132, 195-196

Consolidated Media Holdings, 190-191

Courier-Life, 37

CW, 58-60

Daily Mail, 35

Daily Mirror, 24-25

Dalai Lama, 99-100
Dauman, Philippe, 110, 200, 206
Davis, Marvin, 46, 48, 50
Deng, Wendi, 100, 102
Deng Rong, 98
Deng Xiaoping, 98-99
DeVoe, David, 60, 201
DeWolfe, Chris, 64, 142-143
Diller, Barry, 48, 50, 63-65, 81
DiMaggio, Joe, 213
DirecTV, 12, 62, 113, 121-129, 131-134, 209, 215-216
DISH Network, 122
Disney *ver* Walt Disney
Dolan, Charles, 196
Dolan, James, 196
Dorfman, Richard, 25, 29, 64, 102-103, 115, 204, 217, 219
Dover, Bruce, 101
Dow Jones, 9, 11-13, 15-17, 19-20, 23, 36-37, 39, 99, 101-103, 121, 155, 157, 159, 160-185, 204-205, 209-211, 217

East and West (Patten), 99
EchoStar Communications, 122-124, 126-128, 196
Economist, The, 166-167
Eisner, Michael, 110-111, 200
Ellis, Eric, 102
Ergen, Charlie, 122-124, 128
ESPN, 70, 118, 137
E. W. Scripps, 41

Facebook, 15, 149-153
Falun Gong, 100, 198
Financial Times, 16, 114, 129, 161, 166-167, 178, 180
FiOS TV, 127
Fonda, Jane, 78
Fortune, 19, 138, 143
Fox Broadcasting Company, 13, 19, 23, 28, 37, 45-48, 50-65, 71-73, 75-78, 80, 81, 83,

85-86, 109, 112, 114-115, 117, 123-124, 132, 138-139, 142-143, 148, 184, 195, 199, 211, 213, 217
Fox Business Network (FBN), 17-19, 71, 81-82, 84-87, 148, 165, 177, 181-184
Fox Entertainment Group, 61, 123
Fox Family Worldwide, 113
Fox Interactive Media (FIM), 138, 143-144, 148-150, 183
Fox International Channels, 86
Fox Kids Worldwide, 112
Fox News Channel, 13-14, 19, 63, 69-87, 109, 125, 143, 176, 179, 182, 197, 203
Fox Sports, 71, 118, 190, 218
Frank, Betsy, 74
Free Press, 175
Freston, Tom, 110
Friedman, Jane, 212
FX, 71-72, 81, 125, 218

Gemstar, 119-122
General Electric, 11, 17, 70, 80, 164-165, 200, 211
General Motors, 122-123
Giuliani, Donna Hanover, 78
Giuliani, Rudolph, 69, 77-78, 214
Global Energy Initiative, 197
Goldman, Ron, 213
Google, 137, 144-150, 153, 165-166
Gore, Al, 83, 197
Gould, Alan, 12, 109, 121, 219
Graham, Donald, 195-196
Graham, Katharine, 195
Greenfield, Richard, 13
Greenspan, Brad, 164
Grimes, Larry, 165
Guthrie, Michelle, 116

Hanley, Rich, 175-176
Hannity & Colmes, 76
Harper & Row, 114

HarperCollins, 45, 61, 98-99, 115, 212-215, 217

Hartman, John K., 19, 38

Haverty, Larry, 20, 168, 219

Heyward, Andrew, 74

Hill, Leslie, 171, 174

Hinton, Les, 179-180

Hodges, Craig, 40

Hoffman, Tony, 52

Hughes Corporation, 122-123

Hughes Electronics, 123-126

Hulu, 147

IAPE, 163-164, 170, 176

Icahn, Carl, 111-112

If I Did It (Simpson), 213

Iger, Robert, 111, 200, 202, 206

IGN Entertainment, 140

Illyria, 190-191

Independent, The, 79

Índia, 77, 87, 104, 116-117, 211

Intermix Media, 14, 139-140, 142-143, 146, 148, 164

International Family Entertainment Inc., 112-113

Isgur, Lee, 47

ITV, 193

Jacobs, Bill, 127-128

Jamba!, 142

Joyce, David, 145, 170, 219

Kerik, Bernard, 214

Kitman, Marvin, 81

Kosar, Bernie, 140

Kurtz, Howard, 75-76

Lawrence, Glover, 215

Liberty Media, 12, 119, 122, 129-133, 216

Liga Nacional de Futebol Americano, 55, 213

LinkedIn, 142

Los Angeles Dodgers, 12, 19, 117-118, 215

McCaffrey, Barry, 76

McChesney, Robert W., 175-176

McCourt, Frank, 118

McGlynn, James, 184-185

McGraw-Hill, 11, 17, 23, 28, 132, 138, 143, 150, 160, 181, 194, 214

MacKenzie, Kelvin, 35

Malone, John, 12, 65, 79, 119, 121-122, 125, 128-133, 216

Manchester United, 94-95

Mantle, Mickey, 213

Mark, Morris, 112

Martin, Laura, 181, 183, 219

Maxwell, Robert, 25

Mediaset, 93

Melbourne Herald, The, 24

Mendoza, Manuel, 75

Meron, Daniel, 113

Metrick, Andrew, 141

Metromedia, 48-53

Meyer, Eugene, 195

Microsoft, 11, 15, 148, 150, 153, 166

Monroe, Marilyn, 213

Monster Worldwide, 142

Moonves, Leslie, 110, 200, 206

MSNBC, 73-74, 76

Mukerjea, Peter, 116

Murdoch, Chloe, 24, 100, 192, 218

Murdoch, Elisabeth (filha de Rupert), 191-192, 207

Murdoch, Elisabeth (mãe de Rupert), 189

Murdoch, Grace, 24, 100, 192, 218

Murdoch, James, 100-101, 116, 189, 191-198, 204-207

Murdoch, Keith, 20, 24

Murdoch, Lachlan, 189-192, 199, 207

Murdoch, Prudence, 191

My Father Deng Xiaoping (Deng Rong), 98

MyNetworkTV, 57-60

MySpace, 14-15, 59, 61-63, 100-101, 103, 109, 139, 141-154, 164, 183, 209

236 A cabeça de Rupert Murdoch

Nair, Sameer, 116
National Enquirer, 27, 37
NBC, 13, 48, 51-53, 66, 69-73, 83, 91, 147, 165, 167, 200-201, 211
NDS, 113, 133-134
Neil, Andrew, 32-36, 198, 209
Newsday, 81, 159-160
New World Communications, 56
New York Post, 14, 16, 27-31, 37, 49, 78, 160-161, 190, 197
New York Times, The, 18, 42, 47, 49 73, 82, 174, 176, 178
News Limited, 24-27, 35
News of the World, 16, 25-27, 30-32, 34, 180
News Outdoor Group, 210
Nine Network, 47
Novosel, Dave, 212

O'Reilly, Bill, 14, 75-76
Owers, James, 176

Packer, James, 190-191
Parsons, Richard, 111, 200
Patten, Chris, 99, 213
Pearlstine, Norman, 181
Pearson, 11, 16, 114, 161, 166-167, 169, 181
Phillips, Reed, 40, 182, 215
Piazza, Mike, 117
Premiere AG, 96-97
Preston, Peter, 159
Prodi, Romano, 93-94

Rash, John, 58-59
Rattner, Steven, 16, 39
Redstone, Sumner, 110, 200
Regan, Judith, 213-215
Restall, Hugo, 102
Richardson, David, 133-134
Rigas, John, 196
Rigas, Timothy, 196
Riley, Emily, 143

Ritholtz, Barry, 85, 165
Roberts, Brian, 195-196
Roberts, Ralph, 195
Robertson, Pat, 113
Rosenberg, Howard, 74-75
Rupert's Adventures in China (Dover), 101
Russell, Bill, 117

Saban Corp., 112
San Antonio Express-News, 27, 37
Schiff, Dorothy, 27
Scout Media, 140
Shafer, Jack, 162
Shine Limited, 192
Simpson, O. J., 213
Simpsons, Os, 13, 46, 54, 199, 217
Sky Italia, 86-87, 92-93, 95-96, 113, 116, 121-122
Sky Network, 47
Sky News, 83
Sky Television, 92, 114-115
Sorrell, Martin, 138
South China Morning Post, 114
Star, 27, 37
STAR TV, 98-101, 103, 116-117
Sterling, Greg, 149
Stream, 95
Suhler, John, 216
Sun, The, 16, 25-27, 29-32, 34-35, 161, 180
Sunday Times, The, 24, 30, 31, 32-35, 180, 198

TCI, 79
Telecom Italia, 95-96
Telepiu, 95
Thatcher, Margaret, 30
Thomson, Robert, 180
Tibete, 100
Tierney, Brian, 11, 164
Time, 99, 170
Time Warner, 46, 58, 70, 77-80, 91, 109, 111-112, 126, 132, 137, 148, 196, 200, 206, 215

Índice **237**

Times, The, 30-33, 94, 180
Times Ledger, 37
Torv, Anna, 191
Triangle Publications, 114-115, 119
Turner, Ted, 13, 66, 69, 71, 74, 76-80
Turner Broadcasting System, 46, 70
TV Guide, 12, 19, 114, 119-121, 215
20th Century Fox, 45-47, 57

UPN, 58

Verizon, 126-128, 132
Viacom, 70, 91, 109-110, 134, 137, 147-148, 199-200, 206
Village Voice, The, 12, 28, 37, 112
Virgin Media, 193
Vivendi Universal, 95, 97
Vogel, Harold "Hal", 53
VOX, 97

Wade, Rebekah, 26, 31-36

Wall Street Journal, The, 11, 15, 17, 31, 34, 75, 101, 103, 159-161, 163, 166-170, 173-177, 179-182, 209, 218
Walt Disney, 20, 46, 47, 70, 91, 109-111, 113, 118, 134, 137, 148, 200, 202, 206, 210
Wang, Spencer, 183
Warner Communications, 46-47
Washington Post, The, 48-49, 75, 195
WB, 58
Weather Channel, 71, 211-212
Wright, Bob, 201

Yahoo!, 137, 148-149, 153-154, 209
Yelland, David, 161
Yount, Steve, 176
YouTube, 147-150
Yuen, Henry, 120

Zannino, Richard, 179
Zell, Sam, 159-160
Zucker, Jeff, 201
Zuckerberg, Mark, 149

LEIA TAMBÉM

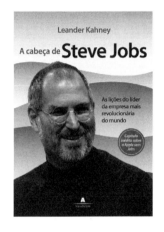

A cabeça de Steve Jobs,
de Leander Kahney
Segunda edição atualizada,
com capítulo sobre a Apple sem Jobs

A cabeça de Steve Jobs reúne as lições empresariais desse visionário e revela os segredos de seu sucesso. Considerado um líder notável nas indústrias da tecnologia de informação e do entretenimento, Jobs é também dono de um temperamento difícil: seus épicos acessos de raiva já se tornaram lenda. O jornalista e escritor Leander Kahney, que há anos acompanha de perto a carreira do empresário, revela o homem por trás da figura cultuada: um fascinante poço de contradições.

Este livro foi composto em Adobe Garamond Pro
e impresso pela Ediouro Gráfica
sobre papel offset 75g
para a Agir em outubro de 2009.